献给

☐ 和 ☐

101 件事儿

养成**超级英雄**

或邪恶天才

在这里写下你的响亮名号

（英）理查德·霍恩（Richard Horne）
（英）海伦·西尔泰什（Helen Szirtes） 著

光阴工作室 译

新 星 出 版 社 NEW STAR PRESS

DUKU
读
库

策划编辑	张立宪
版权编辑	杨芳州
美术编辑	耿　冰
助理编辑	邵　兵
责任印制	包伸明
特约审校	吴　肸
	刘　亚

前言

恭喜你，已经通过了测试。既然拥有手上这本书，相信你一定看到了自己身上不凡潜力，或是别人看到了你的潜力，决定推你一把，帮你进一步挖掘那些超能力。命运已经选择你成为少数的非凡者，但这也意味着，从此你要独自上路，面对黑暗施展自己无与伦比的超能力。相信这一定是个苦乐参半的历程。

大师

只有燃尽身上的每一丝能量，你才能获得应有的能力，晋级成为一名合格的超级英雄。对于那些抱有邪恶念头的人来说，则要努力成为一名合格的邪恶天才。

完成

填写那些简单的表格来记录你人生中的各项惊人壮举。

给点儿颜色瞧瞧

当你熟练掌握了本书的所有超能力，记住了书里给出的所有建议，并为即将到来的更艰巨的挑战准备好合适的装扮、工具和支援，那么摆在你面前的只剩下最后一项测试：给你的对手一点儿颜色瞧瞧！

如何使用这本书

方法非常简单，熟练掌握和完成101项超级任务后，在对应的框里打个钩，填完表格并贴上彩色的小星星。

关于表格

在表格里填写真实的信息。只有邪恶天才才会在他们的成绩单上作弊。

有些表格包含了一些棘手的问题。如果你因此卡壳了，不要担心，答案已经附在了书的最后。

有些表格也许太小，写不下你想填的信息，你可以复印书后的备用纸。

你的超级任务

如果你还有其他想要掌握的超能力，但没有在本书里提到，请把前十个最想完成的"超级任务"添加在书后的个性任务列表里。

有用的诀窍

右页列了一些有用的指导，帮助你完成这些超级任务。

101件事儿养成超级英雄或邪恶天才

诀窍

☑ 保持耐心。要成为一名超级英雄或邪恶天才,需要投入大量的时间和努力。

☑ 循序渐进。你要先学会走才能学会跑。这么年轻就已经开始训练,你已经比对手快了一步。

☑ 随身携带这本书,因为总会有意想不到的机会让你运用超能力练练手。

☑ 如果没有足够的勇气,就永远不会获得某些超能力。不过,千万不要做超出你能力范围的事情,特别是当你觉得可能带来危险的时候。

☑ 要有创新精神。除非你天生具有一些特殊的才能,不然,很多任务还是需要一些奇思妙想才能完成。

☑ 你不用做独行侠。你的助手或超级团队能在很多的训练中帮到你,而且那样会更有趣。

☑ 如果一开始没成功,就再来一次。很多超能力都需要多次尝试和大量练习才能最终掌握。

☑ 不要犯懒。一旦完成一项任务或掌握了一项超能力,立刻填好相关的表格,不然你可能会很快忘记那些细节。

☑ 对自己狠一点儿,试着做些平时不会做的事儿。

☑ 总之,玩得开心。

101件事儿养成超级英雄
或邪恶天才

一些你需要的东西

　　要完成本书，有一些东西你随时都能用得上。这里有一份你可能需要的物品清单。不用一上来就把它们收集齐，不过还是建议你至少准备一支笔、一把剪刀、一瓶胶水、一架相机、一台电脑和一些零钱，这些都是必需的。你现在可以浏览这个清单了，并尽可能地准备其余的东西。切记，学习的意愿、冒险意识、主观能动性、幽默感、足智多谋以及天马行空的想象力，都是不可或缺的！

- □ 一个藏这本书的秘密地方
- □ 一支笔
- □ 一把剪刀
- □ 一瓶胶水
- □ 一架相机
- □ 一台电脑
- □ 一些零钱
- □ 一台复印机
- □ 具有协作精神的家人和朋友
- □ 无限的勇气
- □ 决心
- □ 耐心
- □ 高瞻远瞩的头脑
- □ 对速度的追求
- □ 自信
- □ 各种动物
- □ 缝纫技能
- □ 敢于铤而走险的精神
- □ 一些布料

- □ 硬纸板
- □ 一支手电
- □ 一部手机
- □ 三寸不烂之舌
- □ 土、风、空气和火
- □ 黑暗
- □ 健美的体魄
- □ 控制意识的能力
- □ 敏锐的知觉
- □ 有机玻璃
- □ 气球
- □ 僵尸
- □ 一个强大的对手
- □ 一个助手或心腹
- □ 对知识的渴求
- □ 光彩或不光彩的动机
- □ 正直或邪恶
- □ 沙包
- □ 网球
- □ 室外开阔的场地
- □ 机器人
- □ 一件泳衣

- □ 颜料
- □ 自我约束的能力
- □ 一只计时秒表
- □ 烤豆子
- □ 一副面具
- □ 一张世界地图
- □ 一把椅子
- □ 一些臭烘烘的东西
- □ 曲别针
- □ 一件隐身衣
- □ 一份宣言
- □ 一条密码
- □ 一支温度计
- □ 太阳
- □ 一个秘密基地
- □ 海绵
- □ 各种各样的麦片
- □ 出众的合作意识
- □ 一辆自行车
- □ 一些有用的联系人
- □ 表演技巧

101件事儿养成超级英雄
或邪恶天才

重要信息

警告：

在着手开始完成101件超级任务，
养成超级英雄或邪恶天才的过程，
请一定小心行事。

很多事情，最好在成年人的监督下完成。
如果有任何事情拿不准，
咨询一下身边的大人。

作者及读库对于任何使用本书所引发的意外，
不负有责任。

如同意以上各项，
请在下方签字。

在此签字　➡️

101件事儿养成超级英雄
或邪恶天才

任务清单

101件事儿养成超级英雄
或邪恶天才

任务清单

发现你性格的另一面

你性格的另一面是你最大的对手，也是你最好的朋友。你们生活在一起，但又水火不容。你们没有什么共同点，但却共享一个身体。认识你性格的另一面是决定你成为超级英雄还是超级反派的基础。你要给它充足的空间去进一步发展，但千万别以为可以完全掌控它。

两面性

★ 你是否曾对一件东西或一个人又爱又恨？这是证明你性格存在两面性的很好证据。在这种情况下，你会听从自己的直觉还是理性？不管怎么选，你都应该开始试着给另一面更多的自由。

★ 还有一种能唤醒你另一面的方法是尝试一些平时不愿做的事情。举个例子，如果你讨厌步行，也许爬山就不是一件你特别想做的事情。不妨试一次，说不定这次心里会有些不一样的声音。

★ 你性格的另一面就像是你的另一半，但你和"你"的关系绝不会像天堂里的爱情那么美好，而且也不该那样。相反，坚决不要妥协，做你自己，或是你隐秘的另一面，但千万不要试着变成某种说不清楚的混合体，因为那不会管用。如果你只想看会儿书，可性格的另一面却渴望坐一回惊心动魄的过山车，那就不要幻想去读一本关于过山车的书就能打发他/她。

🚭 **一个来自《化身博士》的警告**：当海德先生发现自己再也做不回杰珂尔大夫时，他最终不得不杀死自己。除非你知道如何控制你的另一面，否则千万不要释放他/她。找到控制他们的开关，不然有危险的就不只是你的秘密身份了。

发现你性格的另一面

如果你完成了这项任务，
可以在这里贴一颗"成就之星"并填写下面的表格。

完成

两人世界

用一个星期的时间来监控自己的思想、感受和行为，制作一份你和另一面的势力均衡图。
把你的调查结果记录在下面。

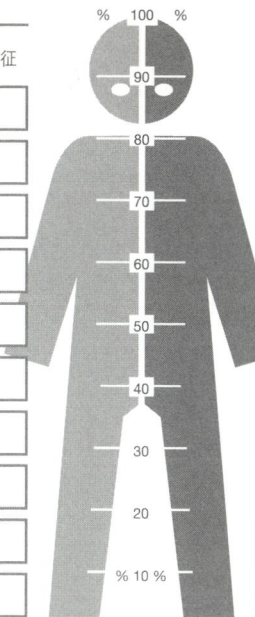

你自己

最多列出十项你自己的特征

1.
2.
3.
4.
5.
6.
7.
8.
9.
10.

你的另一面

最多列出十项你另一面的特征

1.
2.
3.
4.
5.
6.
7.
8.
9.
10.

你的行为里，有多少比例是由你自己控制的，有多少比例是由另一面控制的？在上图里，
分别用绿色、红色把你和另一面的比例标示出来。

谁才是主导性格？ 你 □ 你的另一面 □

如果你是主导性格，你怎样才能
唤醒你的另一面？

如果另一面是主导性格，你怎样才
能控制住他／她，掌握主动权？

你把这项能力
用在了……

正义？ □ 邪恶？ □

你也可以试着完成以下的任务：
11 扮恶人・25 控制你的脾气・26 了解你的弱点・31 找出你的对手・86 保守顶级秘密・
101 拯救世界：对抗你自己

你好！我的超级名号是

需要我救你吗？

把上面的名牌裁下来。你自认为作为超级英雄的你有多优秀？
一到五颗金星，你可以贴上去并授给自己。

给自己起个名号

"什么是名号？"莎士比亚的朱丽叶在她的阳台上问道。不过她懂什么？在这之后没多久，她就死了。不管是超级英雄还是反派，名号就是你的身份：它告诉全世界你是谁，你能做什么。你的名号会变成一段传奇，甚至可能会变成一个成功的品牌。所以一定要选择一个容易记住的名号，并能让人感受到神秘、力量和权威。

世界级头衔

★ 先列一个清单，包含所有能描述你优点的词。如果你有什么标志性超能力，那就想一个名号来概括它。

★ 从过去寻找灵感。也许你是从一个放射性泥潭里获得超能力的，所以你可能会叫自己"泥女"或"水滴"，或者，"泥状变形人"？

★ 一些超级英雄和超级反派喜欢给自己加头衔，比如博士、队长、女士、先生；或是简单地把"大侠"、"女侠"、"小子"、"辣妹"加在名号后面。

★ 你可以在名号里包含一种颜色，但一定要确认那颜色适合你。

★ 从那些与传说和魔术相关的词来寻找灵感。如果与科学、自然相关的词更符合你的胃口，也是不错的选择。

★ 用一个词来总结你能做什么确实不容易。你还可以遵循这样一种既定模式：属性+名号，比如，神鸭霍华德或者野蛮人柯南。不过，不要放太多的细节（比如能刹那间飞出若干光年的星际骑士阿斯特诺特）。

跳出思维定势：你还可以试着去改造现有的词语或是创造新词。添加后缀是个不错的方法（比如引力子、速度者），双关语也会非常棒（比如雷人、犯罪部长）。你还可以试着改变一个单词的拼写，让它看上去更像一个名号。

给自己起个名号

如果你完成了这项任务，
可以在这里贴一颗"成就之星"并填写下面的表格。

☆ 完成

超级XX?

我们知道，想一个合适又能代表自己的名号特别难，所以下面这些问题会帮助你集中注意力，并产生一些好的想法，也许最后能把你引向你的超级名号。

你最厉害的三种超能力是什么?

你的超级英雄的灵感来自于谁?

假如你是……
一只动物，你希望是什么动物?

你的外号是什么（如果有的话）?

一种自然力量，你希望是什么?

你希望你的父母怎么喊你?

一种颜色，你希望是什么颜色?

谁是你在书里或电影里最喜欢的角色?

一种科学现象，你希望是什么?

你有没有试过在你的名号……

后面加上"大侠/女侠/小子/辣妹"? 是/否

后面加个头衔（比如队长）? 是/否

如果有，哪个头衔最合适?

在这里写下你的超级名号

你把这项能力用在了……

正义? □ 邪恶? □

一旦选好你的名号，你就可以着手设计自己的标志了。现在你可以把自己新取的超级名号画在上面的外套上了。

你也可以试着完成以下的任务:
4 拥有一段曲折的过去·17 选择你的着装·42 你的标志性动作·56 想几句经典台词·71 找出你的超级祖先

学会飞

　　如果你曾梦见自己会飞，这是个好现象，说明飞行的基因已经深深地藏在你心里了。人类由猿人进化而来，但谁也没怎么见过会飞的猴子（除了那些为邪恶巫师服务的猴子）。这么多年，猴子们不停地从一棵树跳到另一棵树上，其实，这已经很接近飞行了。为了让你和这项超能力重新建立连接，你需要回到进化历程的前夜，久远的过去，远到生物离开海洋踏上陆地之前……

最高机密

　　★ 也许听上去很奇怪，练习飞行的最佳地方是游泳池。在那里，水能提供给你一个近似无重力的环境，允许你更自由地活动，这对我们这些陆生生物来说是十分难得的。在水里，你可以练习滑行和漂浮，这是滑翔飞行最重要的两项技能。水中的练习也会在保证安全的情况下，提供给你难得的经验，毕竟现在是在水里，将来那可是在天上啊！

　　★ 需要在游泳池里练习的另一项技能就是跳水。一开始慢慢来（先从泳池岸边开始），之后在专业的指导下，你可以试着提高高度，越来越高，越来越高，直到最高的跳板。说不定哪天你腾空之后，会发现自己向下的运动比预期慢得多，也更自如。

　　★ 随着技能的提高，你也许还想给自己更多一些挑战，比如一次跳伞。如果你真的打算飞，那克服对任何高度的恐惧就显得尤为重要。毕竟想要获得和鸟儿一样看世界的角度，没有比和它们一起飞更好的方法了。

试试喷气旅行：如果自然方式的飞行不太符合你的风格，你也许应该了解一下喷气背包。第一条"火箭腰带"是在 1961 年由温德尔·摩尔发明的。但遗憾的是，他去世之后，这项技术就再也没有什么进步了。最大的问题就是飞行时间——只有 25 秒。

学会飞

如果你完成了这项任务，
可以在这里贴一颗"成就之星"并填写下面的表格。

☆
完成

假飞

那些说照片不会撒谎的人简直大错特错。不管你是通过定时器抓拍跳跃过程中的自己，还是在电脑上修改照片，或者画一个背景，你躺在上面摆出超人的姿势，让你的助手从上面给你和背景拍张照。只要你能想到，总会有办法假冒一张飞行的照片……

谁拍的这张照片？

你是怎么假冒这次飞行的？

评估这张照片

谁都骗不了	是/否	只能骗骗傻子	是/否	
能骗过所有人	是/否	这不是假的，我真的飞起来了	是/否	

贴一张你
飞行的照片

谁拍的这张照片？

你是怎么假冒这次飞行的？

评估这张照片

谁都骗不了	是/否
只能骗骗傻子	是/否
能骗过所有人	是/否
这不是假的，我真的飞起来了	是/否

贴一张你
飞行的照片

**你把这项能力
用在了……**

正义？ □　　邪恶？ □

你也可以试着完成以下的任务：
13 克服你的恐惧 · 22 和动物交流 · 41 变成科学天才 · 47 幻象大师 · 51 跳跃 · 80 方向感 · 98 像鱼一样游

这一切都始于一场雷暴……

拥有一段曲折的过去

任何一个心理学家都会告诉你，我们是外部环境和童年经历相互影响的产物。了解自己是如何走上邪恶之路的，会帮助你更好地理解自己的动机，并从内心深处真正认同自己的行为，即使所有人都说那是残忍、邪恶的。所以如果你还没有自己的过去，那现在就编一个，让它成为你生命的一部分。

艰难生活

★ 回顾你的人生，有没有遇到过什么特别重大的事情，改变了你的人生轨迹，让你意识到你注定会是一个"坏人"？

★ 从你的动机里寻找线索。如果你想要复仇，那么谁是你的目标？为什么要复仇？如果是因为你想要拥有的能力，那它是否曾被残忍地夺去？你的邪恶目的或手段是否在暗示你的立场或是想要吐吐苦水？

★ 也许你过着幸福的生活，从未经历苦痛，也从未遭受过不公正的待遇。你是否只是感受到一种强烈的欲望，想要重新调整生命中的天平，去反抗自己曾热爱的一切？或是被宠坏了，一切都必须按自己的方式来？

★ 如果你的过去还是个谜，你也许封藏了那些痛苦的记忆，比如婴儿时代遭人遗弃，由邪恶的松鼠养大，或许你被外星人绑架并被洗了脑。

遭人恨的理由：这里有一些动机供你参考——嫉妒、愤恨、缺乏安全感、妄想症、权力、报复、贪婪、疯狂，还有以恶制恶（即恶作剧）。哪些是你的根本动机？一旦找到它们，你就能找到让你痛苦的过去了。

拥有一段曲折的过去

如果你完成了这项任务，
可以在这里贴一颗"成就之星"并填写下面的表格。

☆
完成

你是怎么变得如此邪恶、纠结的？
填写下面的心理档案。

不要忘了画一些疯狂的涂鸦
来装饰你的表格。

心理档案

研究对象的姓名

你是否抱怨过是别人
造就了你现在的样子？ 是/否　如果有，
告诉我们你经历了些什么？（写下你曲折的过去） 是谁？

你为你所经历的感到开心？ 是/否　你为自己感到难过？ 是/否

你也可以试着完成以下的任务：
1 发现你性格的另一面 · 11 扮恶人 · 31 找出你的对手 · 46 选择一个使命 ·
68 避开你的致命弱点 · 71 找出你的超级祖先

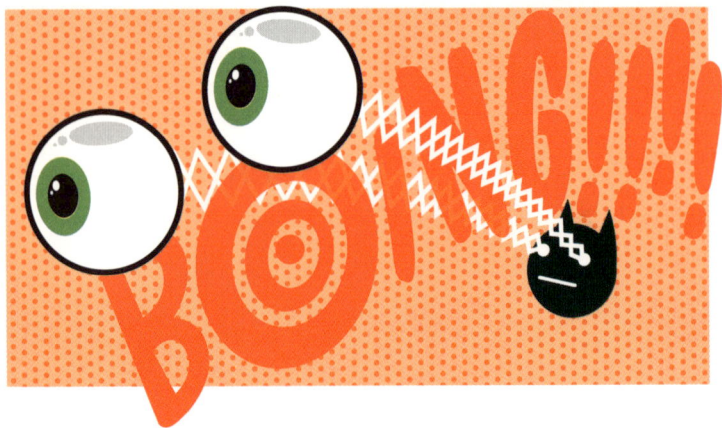

超级视力

　　眼见为实，对于超级英雄来说，更是这样。所以如果看不清远处树木的细小纹理，对于一个合格的超级英雄来说，这已经是近视了。不过你也可以把眼睛变成伸缩镜头，这样就能看见一英里以外的麻烦并做好准备去面对它了。

视线以外

　　★ 在中国的学校和工厂里，眼保健操十分常见，他们会要求你把眼球从一边移到另一边，然后顺时针画个圈，再逆时针画圈。你也可以自己做眼睛按摩，但一定要特别小心，相信你也不想伤到自己：把大拇指轻按在太阳穴上，先顺时针移动你的手指，再逆时针移动；你还可以按摩自己的下眼角、揉搓鼻梁、轻刮眼眶——在闭上的眼睑的内缘和外缘之间来回揉搓。

　　★ 分别看近距离、中距离和远距离的物体，看看你的眼睛适应并重新对焦的速度有多快。你也可以试着在一臂长的距离拿一支铅笔，并缓缓移到你的鼻前，眼睛要一直盯着它。

　　★ 余光也很重要，让你的助手举着一个物体站在你的背后，并缓缓做圆周运动到你前方，在此过程中，你要一直保持目视前方。在哪一点你能通过余光看到你助手手里的东西？两只眼睛一样吗？

　　像蝙蝠一样瞎：如果你是一个戴着眼镜还在训练中的超人，不要担心，想想蝙蝠——虽然什么也看不见，但它们完全可以自由穿梭。诀窍就是让你的耳朵成为你的眼睛，快开始努力训练自己的超级听力来弥补视力的不足吧！

超级视力

如果你完成了这项任务，
可以在这里贴一颗"成就之星"并填写下面的表格。

完成

看得清

让你的助手举着这张纸，而你从一米远的地方试着认出每一行字。往后退几步再试一试，直到你看不清最下面一行。

1	S
2	U P
3	E R H
4	E R O E
5	S C A N S
6	P Y E V I L G E N
7	I U S E S F R O M
8	A L O N G W A Y O F F

（超级英雄在很远距离就能识破那些邪恶天才的伪装）

你能看清最后一行的
最远距离是多少？　　0 0 米　0 0 厘米

在黑暗的屋子里再试一次

这次最远的距离
是多少？　　　　　0 0 米　0 0 厘米

看得见

通过助手的帮助，你可以测试自己的余光。保持正视前方的同时让助手举着一个神秘物体，从你的背后缓缓做圆周运动到你前方。当能看见助手手里的东西时，在下表里标出相应位置，先测右侧余光，然后测左侧余光。一定要保持正视前方。

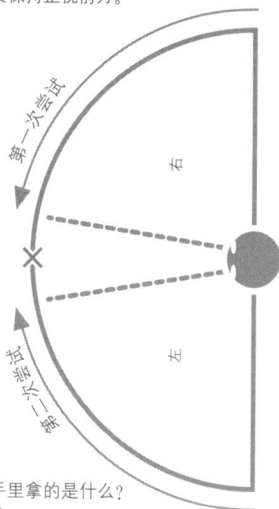

第一次尝试

右

左

第二次尝试

你的助手手里拿的是什么？
第一次尝试

第二次尝试

你把这项能力
用在了……

你哪一侧
的余光更
敏锐？　　左　　　　右

正义？

邪恶？

你也可以试着完成以下的任务：

16 第六感 · 27 夜视能力 · 34 超级嗅觉 · 62 超级听力 · 63 观察技巧 · 77 X光透视

耐力

　　你更擅长短跑还是长跑？大部分人会发现自己更擅长其中一项，但作为超级英雄，你得两样都行。很多任务需要在相对较长的时间里持续努力，比如一场远距离追逐，把人一个接一个地救离火灾现场，或者帮漂亮姑娘大包小包地拎着，连续爬十层楼。耐力就是在持续的运动中如何保持更持久的能量供给。

远距离

　　★ 保持锻炼的关键在于一步一步地增加运动量以防止受伤，并把它融入日常生活中。下一次在爬楼梯或下楼梯的时候，试着多做一次。再下一次，试着爬三次，之后四次……并持续累积。

　　★ 有氧运动很重要，它能强健心肌并提高肺活量，保证更快速的氧气供给。跳绳、慢跑、游泳和骑自行车都是非常好的有氧运动。选择你喜欢的项目并逐步提高运动距离和运动时长。你要给自己施加压力但又不能超越自己的极限，所以在你需要的时候给自己放个假，或给自己充足的时间来恢复体力。你可以做两分钟快速跳绳，接着三分钟原地慢走。

　　★ 保持六个月持续有规律的训练之后，你应该准备好了去拿下一场慈善长跑或是马拉松。要是你也喜欢游泳和骑车，不妨来一场终极耐力测试——铁人三项。

吃得营养又规律：零食能帮助你补充能量——不包括薯片和巧克力。你需要碳水化合物丰富的食物，但是这样的食物在体内消化吸收得也较慢，比如香蕉、全麦麦片、全麦面包和意大利面。

耐力

如果你完成了这项任务，
可以在这里贴一颗"成就之星"并填写下面的表格。

☆
完成

运动起来

想要配得上"超级"二字，你就得拥有充沛的体力，这也意味着需要大量的训练。在至少四周的时间里，用你过人的耐力完成下面的挑战，并记录每一次进步。每周你都应该刷新上一周的记录。

运动一　无间断慢跑

第一周	第二周	第三周	第四周
0 0 0 0 米	0 0 0 0 米	0 0 0 0 米	0 0 0 0 米

运动二　无间断游泳

第一周	第二周	第三周	第四周
0 0 0 米	0 0 0 米	0 0 0 米	0 0 0 米

运动三　无间断上坡骑行

第一周	第二周	第三周	第四周
0 0 0 0 米	0 0 0 米	0 0 0 0 米	0 0 0 0 米

运动四　尽可能多地仰卧起坐

第二周　0 0 0
第三周　0 0 0
第一周　0 0 0　　第四周　0 0 0

运动五　尽可能多地跳绳

第二周　0 0 0
第三周　0 0 0
第一周　0 0 0　　第四周　0 0 0

你把这项能力
用在了……

正义？ □
邪恶？ □

你也可以试着完成以下的任务：

14 力量・39 速度・44 永不言弃・70 应对压力・87 审问

慢慢旋转，我是永恒的岗哨。哔，哔，哔……

打一样东西

(答案：星星)

破解晦涩谜语

邪恶天才们热爱设置一些邪恶的挑战和他们的对手比拼智力，经常会是一系列的谜语，而且错误的答案往往会引发一些可怕的后果。

说谜

★ 和诗歌一样，谜语也经常借助一些比喻。"什么东西早上四条腿，中午两条腿，晚上三条腿？"在这则来自希腊神话的著名谜语中，破题的关键在于理解谜题中所使用的比喻。除了字面意思，这些时间还能预示些什么？

★ 另一种谜语会大玩文字游戏来误导或取悦读者。"你有鸡蛋糕（高）吗？"就是一个很好的例子，双关藏在答案，而非问题里。

★ 解谜题的时候，要把谜面分解，逐个分析。就像那些可能出现的隐喻一样，你也要留意那些同形同音异义词，比如stalk（茎或跟踪）；还有同音异形异义词，比如horse（马）和hoarse（嘶吼）。不要过早下结论，平时常见的词很可能用来表示不太常用的含义，比如"脸"，我们首先会想到和人体部位相关，但其实钟也可以有一张脸（表盘）。

★ 研究一下填字游戏。有时候填字游戏里给出的那些线索看上去一点用处都没有，但本质上它们也是谜语，使用了相似的代码。代码的一部分可能是一个短语，告诉你答案就隐含在线索之中，比如"回头"或是"搅拌"可能暗示你打乱字的顺序。

🚫 **五谜三道**：成为谜语大师的另一种方法就是自己试着写一些谜语，这样你就能用谜语的逻辑去思考如何更有效地误导读者（当然要符合逻辑）。设计一些谜语，让你的助手解解看。

破解晦涩谜语

如果你完成了这项任务，
可以在这里贴一颗"成就之星"并填写下面的表格。

☆
完成

五谜三道

是时候测测你的解谜能力了。所有答案都附在本书的最后。
先从一个简单的开始，甚至可以告诉你一个提示：想想超级英雄。

1. 网络的主宰
在城市的塔楼之间飘荡
当黎明到来，笼罩整个街道
打击犯罪也可以很美妙

我是谁？

在这个简单的开胃菜之后，你应该准备好破解一些更有挑战性的谜语了。
所有你需要的线索都能在这本书里找到。

2. 远视？近视？我能透视！
不管你是谁，我都看得清清楚楚
不用再躲藏，不用再伪装
就像做CT，一眼识破所有谎言，一眼看穿所有阴谋

我是什么？

3. 你可能已经把我当作朋友了
猜中了故事开头，但猜不透结局
所以我们最终在此相见
你绝对想不到我熟悉的这半张脸
但你知道我们必须见面
我的工作已经开始，请坐好

我是谁？

4. 不管你去哪儿，我总紧紧跟随
我是你的迷宫，你缠绕的线，我是你
你偷了一本书，我却留在了书架上等别人来找我
事实上被如此美妙地总结：
我存在于手掌之下
我总以新面孔示人，却早被深深地刻下

我是什么？

猜猜看

现在轮到你编一个谜语了。你会选择什么作为你的主题？一个人，一件东西，一项超能力还是一种情绪？编完之后，拿给你的助手试一试。

他能看穿你卖的关子吗？ 是/否

你把这项能力用在了……

正义？ □
邪恶？ □

你也可以试着完成以下的任务：
29 解决不可能的问题 · 55 破解密码 · 56 想几句经典台词 · 72 说上百种语言 ·
74 发现和破解线索

文明地教训别人

可能你的对手侮辱了你妈妈，抢走你的女朋友还当着你的面嘲笑你，但这不代表你就必须得给他一拳。外星人可能要吸光所有人的大脑，包括你的，但这也不代表你一定要发动一场星际大战。换句话说，你也许能够狠狠地教训别人一顿，但不代表你就得那样做。

我们为什么不能好好相处？

★ 使用暴力是一种选择，但最好只是备选方案。还有什么其他选择吗？抓一只老鼠并想办法处置它，但不要拧断它的脖子或是挤爆它的眼球——这叫"人道鼠夹"。最后再把你的方法在你的助手身上试试。只要你努力尝试，一定会找到更文明的方式教训别人，要知道"出人意料"往往会是最好的武器——当然，尽量避免使用真正的武器。

★ 如果你要成为和平与正义的使者，那一定要学会自我防卫和解除对手的武装。让助手协助你一起训练：给他们一些假的武器，武装他们，你要在他们攻击你（或别人）之前，解除他们的武装。训练时需要给他们提供一些保护装置，因为你不能保证你的人道方式总是那么人道。

★ 训练提高你的准星，让自己可以隔着一定距离把别人手里的东西踢掉。另外，你也可以寻找一些更巧妙的方式转移对手的注意力或让其丧失攻击能力。有可能是通过制造噪音的方式来达到这样的效果——让他们痒、笑、打喷嚏，甚至短暂失明或迷失方向——只要确保不会导致永久的损害，都不妨试试。

有话好好说：没有人喜欢和别人激烈对峙（如果你喜欢，请直接移步到"超级反派"章节），但有时和那些疯狂的、邪恶的人的确很难说理。练习一下你的谈判技巧：介入一场争执，并试着在失控前平息对方。

文明地教训别人

如果你完成了这项任务，
可以在这里贴一颗"成就之星"并填写下面的表格。

完成

打靶

精准打击某个物体可以有效地转移对手注意力或解除他们的武装。把下面的靶子放大并打印，贴在不同大小的物体上（最好是打不破的东西）。把它们摆在你的院子里或公园里的不同地方，让它们和你保持不同的高度和距离，用沙包或网球当导弹，试着把它们都击倒。

固定靶子

你拿什么东西作为你的靶子？

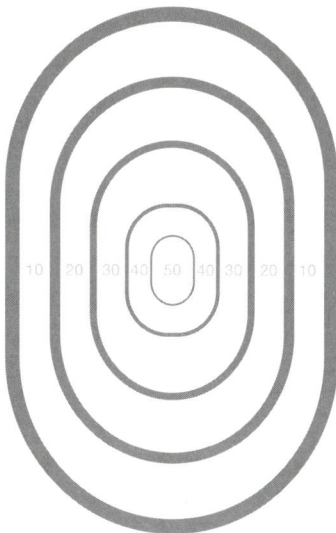

最远的靶子距你有多远？

☐ 0 ☐ 0 米

你命中了吗？ 是/否

你全部命中了吗？ 是/否

第一次你击倒了多少？

☐ 0 ☐ 0 中 ☐ 0 ☐ 0

移动靶子

让你的助手把物品抛在空中，试着在落地前击中它们。

你命中了多少个空中目标？

☐ 0 ☐ 0 中 ☐ 0 ☐ 0

让助手戴上头盔，穿上棉衣，把靶子贴在他们背后。在你瞄准的时候，告诉他们跑远点儿……

你直接命中了几次？

☐ 0 ☐ 0 ☐ 0 ☐ 0

最远一次直接命中是多远？

☐ 0 ☐ 0 米

缴械法则

让你的助手拿着假武器原地不动。确保他们背对你，并佩戴着防护设备，比如头盔、棉衣和手套。站在离他们背后有一定距离的地方，稍微侧倾，试着用沙包或网球打掉他们手里的武器。如果成功了，再试一次，不过这次试着在快速超过他们的时候出击。

在静止位置，你是否成功解除了他们的武装？ 是/否

如果是，总共尝试了多少次？ ☐ 0 ☐ 0

如果没有，在这两种情况下，你打算用什么方式解除他们的武装？

快速超过的时候是否成功解除了他们的武装？ 是/否

如果是，总共尝试了多少次？ ☐ 0 ☐ 0

手 ☐ 脚 ☐ 脑电波 ☐

你也可以试着完成以下的任务：
10 潜行·25 控制你的脾气·33 预判对手的下一步行动·49 打磨你的道德感·83 手眼协调·90 救人要紧

	遁地侠
年龄	56（相当于人类年纪）
力量	75%
速度	70%
特殊能力	灵敏的嗅觉，能找到丢失的人和物
攻击技能	咬、吠、咆哮

（重要信息）

	老妈
年龄	不知道
力量	55%
速度	35%
特殊能力	背后长眼睛，化妆术，永远正确
攻击技能	辩论冠军

（重要信息）

	泰迪卫士
年龄	150
力量	0%
速度	0%
特殊能力	沉默，自信，保守秘密
攻击技能	盯着你的对手

（重要信息）

选择一个助手

没有人永远是一座孤岛，即使超级英雄也需要朋友。当你忙着干大事的时候，谁在帮你留心背后，为你拎装备，甚至在辛苦忙着拯救世界一整天之后，给你捏捏脚？当然，你的助手不应该永远只是你的仆人，不过你也不想总是担心他抢了太多风头吧。不管你选了谁，他一定要不辜负使命，但也得明白谁才是老大！

动感二人组

★ 谁是你最好的朋友？谁值得你信任到可以把生命托付给他，而不是一遇到麻烦就一溜烟撒腿就跑？把所有可能的候选人列在一个表里，并设计一些测试题帮你找到最合适的那个人。

★ 你可以从这本书里挑十个挑战，分别代表你最看重的品质，放在你的测试里。

★ 客观地分析自己的弱点。一个合格的助手应该弥补你的各种不足。举个例子，假如你是速度小子，但有些瘦弱，那就找一个拥有肌肉和强健体魄的人做你的助手。另外，如果你是肌肉男，但是不擅长数学，那就找一个更有头脑的人做助手。要是你打算做个邪恶天才，你更需要一个保镖，而不是助手。

★ 别找太酷、太漂亮、特别时尚或是聪明到拥有一书柜奖杯和奖状的人——他会对你的高大形象造成威胁。

患难之交：保持个性、独来独往并不容易。当你终于找到一个信任的伙伴可以和他分享你所有的秘密和恐惧，那将是一种解脱。不要把秘密提前泄露给那些候选人，不然你的身份就可能暴露。

选择一个助手

如果你完成了这项任务，
可以在这里贴一颗"成就之星"并填写下面的表格。

完成

助手评价表

申请人姓名

你与申请人的关系

你认识申请人多久了？

[0][0] 年　[0][0] 月

你信任申请人能……

保守秘密？　不投言放弃？　拥有头脑？　拥有体力？　值得托付生命？

是/否　是/否　是/否　是/否　是/否

他们是否在某些方面胜过你？ 是/否

如果是，把这些技能列在下面。

申请人最令人讨厌的地方

申请人最吸引人的地方

从书里挑选三个不同的挑战给申请人，在选他们作为你的助手之前，先看看他们的表现……

第几项任务 [0][0][0] 给他这次表现打分 总分10

第几项任务 [0][0][0] 给他这次表现打分 总分10

第几项任务 [0][0][0] 给他这次表现打分 总分10

你认为他会是一个好的助手吗？ 是/否

如果是，给他起个超级英雄的名号。

让你的新助手签署以下保密协定：

我郑重声明：永远不暴露你的秘密身份；即使付出生命，也绝不辜负你的信任。

签名：

在这里印上你助手的指纹

你把你的助手用在了……

正义？ □

邪恶？ □

你也可以试着完成以下的任务：
36 分身・37 训练你的超级宠物・78 当个楷模・95 建立关系网・96 由我带头・99 集结超级团队

S.A.S（Stealth And Surprise，潜行与出其不意）

潜行

　　处在潜行模式里，你要既专注又放松，这样就能够足够警觉，时刻发现危险，同时又能保持脚步平稳。你可以大胆地呼吸，没关系，因为当你很沉着的时候，你的呼吸也会变得非常安静。所以不要在着急上厕所的时候尝试潜行！

寂静的艺术

　　★ 练习悄悄地出现在别人身旁。但如果总是针对同一个人，你可能很快会失去一个朋友，所以挑一定数量的倒霉蛋进行练习，并尽可能让他们相信你不是故意的。

　　★ 耐心很重要，你可不希望一激动就暴露自己。把自己藏在一个房间里，等别人走进来，看看自己能保持多久不被发现。

　　★ 让你的助手站在一定距离以外背对着你，然后试着悄悄接近，并在他发现或抓住你之前，从后面蒙住他的眼睛。他只有一次机会回头来抓你，而且只能原地不动，所以只有你在他的可接触范围内，他才能抓住你。

　　★ 试试不一样的鞋（薄底鞋最合适，因为你可以感受到地面）和衣服，找出能给你最大的自由度，但又不会发出太多声音的，毕竟穿高跟鞋潜行实在太难了。

　　★ 架上一台录音或录像设备，打开它，悄悄地在房间里走几圈，再悄悄地过去把机器关上。回放一下刚才的记录，听听自己刚才到底制造了多大的噪音。用同样的方法在不同的地点，屋内屋外试一试——尝试不同材质的地面，尽量减小噪音。

　　臭气弹：噪音不是唯一能出卖你的东西，气味也同样可以。所以请保持清洁，没有味道。这意味着在执行任务之前不要涂抹带香气的化妆品，不要吃重庆火锅、韭菜馅饺子、卤煮火烧这样的食物。

潜行

如果你完成了这项任务，
可以在这里贴一颗"成就之星"并填写下面的表格。

☆ 完成

你吓了我一跳

一周的时间你能吓几个倒霉蛋——你能不能在被发现之前躲到他们身后？你也许可以在他们背后待一会儿。即使失败了，也记下你尝试的次数。

一号受害者的姓名	二号受害者的姓名	三号受害者的姓名

潜行攻击的地点	潜行攻击的地点	潜行攻击的地点

日期 ☐☐☐☐☐☐　　日期 ☐☐☐☐☐☐　　日期 ☐☐☐☐☐☐

在接近他们之前，你是否被发现？ 是/否　　在接近他们之前，你是否被发现？ 是/否　　在接近他们之前，你是否被发现？ 是/否

如果没有，你能在他们背后站多久而不被发现？
0 0 | 0 0 | 0 0　　　如果没有，你能在他们背后多久而不被发现？
0 0 | 0 0 | 0 0　　　如果没有，你能在他们背后站多久而不被发现？
0 0 | 0 0 | 0 0

当受害者发现了你，他们是否……　　当受害者发现了你，他们是否……　　当受害者发现了你，他们是否……

后退？ 是/否　尖叫／喘粗气？ 是/否　　后退？ 是/否　尖叫／喘粗气？ 是/否　　后退？ 是/否　尖叫／喘粗气？ 是/否

装作并不意外？ 是/否　　　　　　　　　　　　　　　　　　　　装作并不意外？ 是/否

差点突发心脏病？ 是/否　　差点突发心脏病？ 是/否　　差点突发心脏病？ 是/否

你们还是朋友吗？ 是/否　　你们还是朋友吗？ 是/否　　你们还是朋友吗？ 是/否

在房间里找个地方藏起来，等待别人走进来。
看看你能保持隐藏多久不被人发现

你把这项能力用在了……

房间名称 _____　　藏身处 _____

隐藏时间 0 0 | 0 0 | 0 0　　被发现了吗？ 是/否

如果没有，你是最后跳出来现身了，还是保持隐藏进行监视？　　吓他们 ☐　　监视他们 ☐

正义？ ☐　　邪恶？ ☐

你也可以试着完成以下的任务：
16 第六感 · 27 夜视能力 · 28 平衡 · 43 隐形 · 47 幻象大师 · 62 超级听力 · 66 敏捷 ·
69 功夫大师 · 85 变身术

扮恶人

　　成为一个超级反派不只是做坏事，而是要成为一个真正的"坏人"——从内而外的坏。这是一种心理状态，一种处世哲学，一种生活方式。你可以试着从这几个方面入手——

我坏

　　★ 邪恶的笑：你会经常用到。你会选择什么风格的笑呢？吃吃偷笑，歇斯底里傻笑，咯咯笑，惊声尖笑，放声大笑，还是经典的"木哈哈"？一旦决定了，就每天练习并把它融入不同场景中：从你的邪恶计划在大脑里第一次成形，到决定要干一番大事的光辉时刻，甚至被隔离在收容所里的艰苦岁月。

　　★ 神经兮兮的小动作：它可以是不停地敲打手指、抖动大腿、挤眼睛或是卷唇上的小胡子。选一些适合自己风格的，能吸引注意力还让人过目不忘的小动作，将胡子也是个不错的选择。如果你一直没找到适合自己的，可以先试试学别人的。

　　★ 喜怒无常的情绪：超级坏蛋们都痴迷于权力，最受不了的事情就是没有得到自己想要的。在手下和受害者们眼里，他们一直游走在情绪边缘：有时很激动，有时又很随和，但一定都透着一股子邪恶气息。

　　★ 扭曲的幽默感：偷拍、恐怖片、低俗喜剧、真人秀、肥皂剧——这些正是你需要的娱乐大餐。另外，捉弄别人时，一定要尽情地放声邪恶大笑。

黑帮的消遣天堂：这里有一些坏蛋应该喜欢的东西——辛辣食物、暴风雨、恶作剧、性格孤僻的怪人、惊吓、金钱、射击游戏、歌剧、哥特式小说、爆炸、黑暗、镜子等等。还有不应该喜欢的东西——人类。

扮恶人

如果你完成了这项任务，
可以在这里贴一颗"成就之星"并填写下面的表格。

☆ 完成

—— 邪恶的笑 ——

哪种是你最喜欢的笑？

吃吃偷笑	☐	歇斯底里傻笑	☐
咯咯笑	☐	惊声尖笑	☐
放声大笑	☐	"木哈哈"	☐

你的笑有多邪恶？让其他人评分　|总分 10|

你最近一次发出邪恶的笑是针对什么？

—— 神经兮兮的小动作 ——

哪种是你最喜欢的小动作？

抽动面部	☐	敲打手指	☐
抖动大腿	☐	咬手指	☐
摸下巴／捋胡子	☐	卷唇上的小胡子	☐

你的小动作有多神经？让其他人评分　|总分 10|

你最近一次做小动作是针对什么？

—— 情绪波动 ——

在一小时的时间内监测自己的情绪变化，并记录下全部细节。尽可能让自己每十分钟变换一次情绪。

时间	情绪
00:00	
00:10	
00:20	
00:30	
00:40	
00:50	
01:00	

—— 扭曲的幽默感 ——

给自己制订一周的黑色娱乐菜谱。它可以包含电脑游戏、电影、音乐，总之任何能够拓展或满足你扭曲幽默感的东西都可以。

日期	活动
星期一	
星期二	
星期三	
星期四	
星期五	
星期六	
星期日	

你也可以试着完成以下的任务：
1 发现你性格的另一面·32 做一把反派专用椅·46 选择一个使命·53 冷酷无情·
56 想几句经典台词·68 避开你的致命弱点

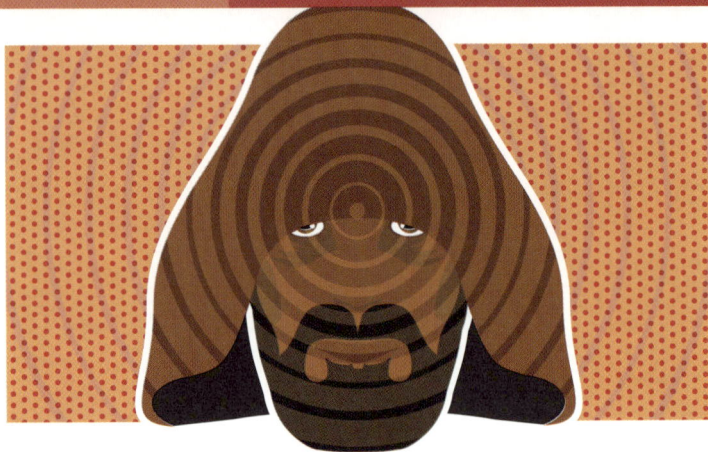

大脑控制术

闯入别人的大脑，控制其意识，这就跟黑了五角大楼的电脑一样——很难，但有人成功过。大脑控制术能够让别人完全听从你的指令（又名"绝地武士心灵操控术"），窃取或抹除记忆，所以它是最厉害的武器之一。

别理我

★ 你可以通过巧妙模仿对方的细微举动，最终达到影响其行为的目的。确保你在他的视线之内，模仿对方行为时不要太明显，这样就能一点一点控制他了。试着抓一下鼻子，或者打个哈欠，看看你的目标人物会不会跟着做？

★ 学习催眠术。先在自己身上练习，这样做能帮你建立起心理防线，以防止你的对手对你同样进行精神操控。你需要极其深入的放松，所以找一个不会被打搅的地方，清空头脑里的所有杂念，然后集中注意力想象这样的画面——一个走廊或是一段阶梯——缓缓地走过它，每一步你都感觉自己变轻了。一旦你进入催眠状态，就给自己一些正面积极的心理暗示，比如"这个大脑是你自己的，你拥有绝对的控制权"。

★ 下一步你需要学习掌握对话式催眠术，那样你就可以在别人没察觉的时候控制其大脑。一开始你必须要和对方建立一种亲密关系，这样才能让他们放松警惕，之后想办法把已经设计好的建议植入你们的对话中（也许是奇闻异事的形式），这样经过他们潜意识的加工，这些建议会被当作指令一样吸收。试一试。

洗脑：除此之外，还有一些更加野蛮的方式来控制别人的大脑，对于那些超级反派们更有吸引力。法西斯政权，尤其是希特勒的纳粹德国，就特别擅长使用各种卑鄙的手段施加心理压力，其中包括威胁、恐吓、政治宣传、绑架。

大脑控制术

如果你完成了这项任务，
可以在这里贴一颗"成就之星"并填写下面的表格。

☆
完成

照我的样子做

找一家咖啡馆，在一位客人的对面坐下。模仿他的举动，但一定要悄悄的——你可不希望被发现吧？几分钟后，掌握主动，开始引导他的行为，看看他会不会反过来模仿你。

摸一下鼻子

你的目标人物是否……

完全照搬了你的举动？ 是/否

做了些相似的举动？ 是/否

做了些完全不一样的举动？ 是/否

什么也没做？ 是/否

看一下表

你的目标人物是否……

完全照搬了你的举动？ 是/否

做了些相似的举动？ 是/否

做了些完全不一样的举动？ 是/否

什么也没做？ 是/否

双手交叉抱臂

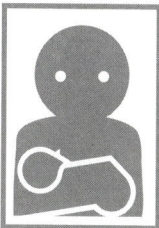

你的目标人物是否……

完全照搬了你的举动？ 是/否

做了些相似的举动？ 是/否

做了些完全不一样的举动？ 是/否

什么也没做？ 是/否

喝一口饮料

你的目标人物是否……

完全照搬了你的举动？ 是/否

做了些相似的举动？ 是/否

做了些完全不一样的举动？ 是/否

什么也没做？ 是/否

把你的举动画在这里

你的目标人物是否……

完全照搬了你的举动？ 是/否

做了些相似的举动？ 是/否

做了些完全不一样的举动？ 是/否

什么也没做？ 是/否

你的目标人物总共模仿了你几次？ 0 0

给自己的大脑控制术打分

☆ ☆ ☆
非常糟糕　糟糕　一般

☆ ☆ ☆
好　很好　完美

你把这项能力用在了……

正义？ □

邪恶？ □

你也可以试着完成以下的任务：
7 破解晦涩谜语 · 40 理解肢体语言 · 78 当个楷模 · 92 心灵感应 · 93 提高你的说服力 ·
101 拯救世界：对抗你自己

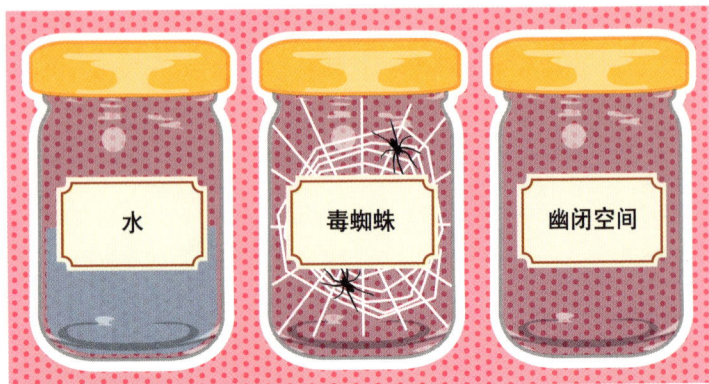

克服你的恐惧

　　害怕很正常。除非你不具备爱的能力（也就是说你是个大恶棍）或者刀枪不入，还能起死回生，不然你一定会时不时地为自己和别人的安全感到恐惧，即使这种恐惧有时候显得并不理性。最重要的不是没有恐惧，而是不要让恐惧阻止你做正确的事情和承担风险。

进攻是最好的防守

　　★ 列出五个最让你恐惧的东西。它们可能是具体的实物（比如一种动物或是某人），所处的环境（比如处在高处或封闭的环境），或是一些更加抽象的东西（比如被人拒绝或死亡）。挨个描述它们给你带来的感觉。你越是清楚恐惧的来源，就越能轻松应对。还有，是否有任何恐惧和过去不好的经历相关？有没有具体的例子？

　　★ 哪些恐惧是非理性的？哪些恐惧是理所应当的——因为那些让你恐惧的东西真的能伤害你？它会给你造成多大的伤害？遇上它们的概率有多大？如果它们造成的伤害很可能是致命的，同时遇见的风险又很高，那么你的恐惧是对的，在熟练掌握其他超能力之前，尽可能地避开它们。

　　★ 给自己一个面对恐惧的最短期限，逐步提高暴露在恐惧面前的时长，直到你可以完全战胜恐惧。一开始可以让家人或朋友陪着你，直到你自信可以独自面对恐惧。

　　★ 完成右边的测试，看看若必须面对那些常见的恐惧，你到底有多害怕。

笑一笑，撑下去：不要低估积极想法的力量——当你面对最恐惧的东西时，它能帮你驱赶那些消极情绪。所以多想想最快乐的记忆，或者就像聪明首领（Captain Sensible）建议的那样，聊聊开心的事情。

克服你的恐惧

如果你完成了这项任务，
可以在这里贴一颗"成就之星"并填写下面的表格。

☆
完成

—— **直面你的恐惧** ——

下面列出了一些最常见的令人恐惧的东西，还有一栏可以填写一个你个人的恐惧。你的挑战是直面并克服它们。

蜘蛛
把蜘蛛拿在手里

风险指数 [总分 10]

这只蜘蛛有多大？

你拿了多久？
[0 0] 分 [0 0] 秒

这个有多难？

简单	一般	很难	不可能
☐	☐	☐	☐

你征服恐惧了吗？ [是/否]

狭小空间
把自己关在柜子里

风险指数 [总分 10]

这个柜子有多小？

你待了多久？
[0 0] 分 [0 0] 秒

这个有多难？

简单	一般	很难	不可能
☐	☐	☐	☐

你征服恐惧了吗？ [是/否]

高
爬到摩天大楼顶层，看看外面的风景

风险指数 [总分 10]

这栋建筑有多高？

你向下看了多久？
[0 0] 分 [0 0] 秒

这个有多难？

简单	一般	很难	不可能
☐	☐	☐	☐

你征服恐惧了吗？ [是/否]

死亡
晚上在墓地里走一走

风险指数 [总分 10]

你看见了几个鬼魂？ [　]

你走了多久？
[0 0] 分 [0 0] 秒

这个有多难？

简单	一般	很难	不可能
☐	☐	☐	☐

你征服恐惧了吗？ [总分 10]

你自己的恐惧

把你的恐惧写在这里

把你的挑战写在这里

你为什么怕这个？

你直面恐惧了多久？ [0 0] 分 [0 0] 秒

这个有多难？

简单	一般	很难	不可能
☐	☐	☐	☐

风险指数 [总分 10]

你征服恐惧了吗？ [总分 10]

你把这项能力用在了……

正义？ ☐ 　　邪恶？ ☐

你也可以试着完成以下的任务：
44 永不言弃·45 拯救世界：对抗恐怖怪兽·60 拯救世界：对抗不死族·70 应对压力·
84 拒绝诱惑·98 像鱼一样游

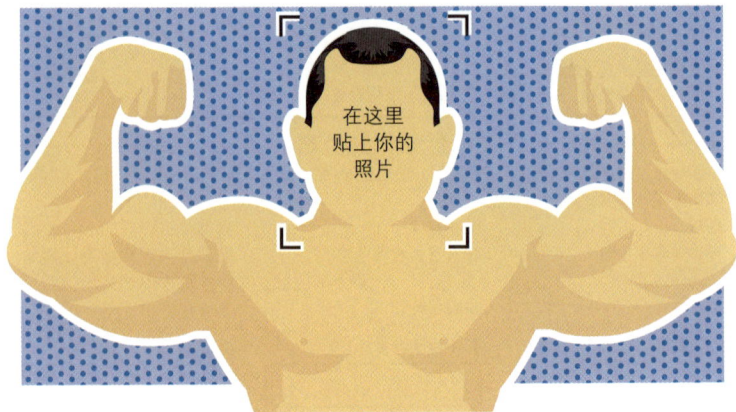

在这里
贴上你的
照片

力量

　　很多人认为力量是超人的一切，所以他们拼命地练出超大块肌肉，甚至花大量的时间练习拉货车或是滚汽油桶——就像真的能帮到谁似的。记得大卫和巨人的故事吗？你不用非得是个肌肉棒子才能当超级英雄。当然，不可否认的是，拥有过人的力量的确很方便。

使用肌肉的（犯罪）场合

　　★ 从现在起，家里所有打不开的罐头都是你的工作了，除此之外，你还要抢着去拎装满的购物袋，帮忙搬家具，拧开冻住的水龙头。哦，你也许还想在自己的卧室做些举重练习，定期和家人、朋友来一次掰手腕大赛，以检验练习成果。

　　★ 让你的助手紧握双拳，就像握住方向盘一样，再将一只拳头放在另一只的上面，并把手肘顶在一起。他一定要用尽全力保持住这个姿势，与此同时，你把你的右手食指放在他左拳的后面，你的左手食指放在他右拳的后面，然后轻轻地往反方向推。不管他用多大力保持两只拳头在一起，你还是能轻松地分开它们。

　　★ 随着力量的增强，记得在扔球和握手之前多想一想，你应该不希望暴露自己超级英雄的身份吧，这就需要你有意识地表现得更虚弱一些。

超级婴儿：有些人患有先天的肌肉肥大症，这是一种很罕见的病，患者的肌肉不停增长但体重却会减轻。利亚姆·胡克斯特拉特就是一名这样的患者，在九个月大的时候，他就可以做俯卧撑，以及上下台阶了。

力量

如果你完成了这项任务，
可以在这里贴一颗"成就之星"并填写下面的表格。

☆
完成

强壮的人

你能举起多重的东西？如果不想在训练中受伤，记得把双脚打开与肩同宽，并保持后背挺直，收紧腹部，同时运用手臂和腿部肌肉，缓缓举起重物。当你找到自己力量的极限后，完成下面的海报。

超级大力士

在这里写下你给自己起的响亮名号

能举起不可思议的……

在这里写下你能举起的重量

在这里贴上你的照片

在这里写下你能举起的重量

这令人惊讶的重量相当于……

0 0 0	盒牛奶 (250克)
0 0 0	瓶水 (1升=1千克)
0 0 0	个刚出生的婴儿 (3.5千克)
0 0 0	个邪恶机器人 (150千克)
0 0 0	只猫 (4.5千克)
0 0 0	袋糖 (1千克)

0 0 0	罐烤豆子 (400克)
0 0 0	个南瓜 (6.8千克)
0 0 0	个橙子 (200克)
0 0 0	根金条 (12.5千克)
0 0 0	只蜜蜂 (0.1克)
0 0 0	个汽车轮胎 (10千克)

0 0 0	台笔记本电脑 (2.7千克)
0 0 0	卷卫生纸 (140克)

你把这项能力用在了……

正义？ □

邪恶？ □

所有重量都是近似值

你也可以试着完成以下的任务：

6 耐力 · 28 平衡 · 39 速度 · 69 功夫大师 · 98 像鱼一样游

拯救世界：对抗机器人暴动

任何用过或玩过电脑的人都清楚地知道，人造机器可以变得难以控制、叛逆，甚至极端邪恶。现在可能只是因为你的电脑在关键时候崩溃了，所以丢失写了几个小时的论文，或者无法继续完成游戏的最后一关。但如果电脑发展到终结者的水平又背叛我们了，那会怎么样？

挑衅

★ 如果你精通技术，可以把机器人造得比对手更大、更好，但这需要大量的时间。如果你的时间并不充裕，还有另一种方法战胜你的机器人对手：编写一款可以植入机器人系统（或者控制机器人大军的大型计算机）的病毒。

★ 如果攻击你的机器人既可以变身，又能自我修复，你获胜的最好机会就是在它变身的过程中攻击。攻击之后，一定要拆散它的残骸，把它们烧成灰烬之前，不惜一切代价让它们保持分离，以避免和更多的邪恶组件合体。

★ 如果你被能走的巨型机器人攻击，你应该把赌注压在它们的腿上——想办法让它们摔倒、滑倒或掉进坑里——然后拿下它们！

★ 机器人可能比我们更聪明、更强壮、更快、更加致命，但要是能量用完了，它们就什么招使不出来了。弄明白它们是依靠什么能量运转的，以及什么时候、通过什么方式补充能量，就可以试着阻止它们继续补充能量。它们要是太阳能驱动的，那你就真的有麻烦了。

我们心碎而至：不必试着跟邪恶的机器人谈判，它们不是瓦力（WALL-E），不能处理任何人类的情感，完全不通人性。它们撒谎、欺骗甚至杀戮的时候，眼皮眨都不会眨一下（当然它们也没有眼皮）。

拯救世界：对抗机器人暴动

如果你完成了这项任务，
可以在这里贴一颗"成就之星"并填写下面的表格。

☆
完成

机密文件

机器人暴动
了解你的对手
识别机器人暴动的先兆，进行相应的评估。

最近家里有没有运转可疑的电器？ 是/否

机器人的劣势

如果有，是什么？

它们都做了些什么？

机器人的优势

- 自己打开或关闭电源
- 点火／融化
- 发出让人抓狂的"哔哔"的噪音
- 发生重大故障
- 不听你的指示
- 企图谋害你

你是否观察到了任何以下现象？

- 失控的汽车 是/否
- 施虐的电梯／自动门 是/否
- 网络／广播／电视干扰 是/否
- 出故障的红绿灯 是/否

你需要一个行动计划，你会……

详细说明你打算如何执行计划

- 安装更好的杀毒软件？ 是/否
- 关闭所有电源？ 是/否
- 试着和电脑说理？ 是/否
- 自己编写电脑病毒？ 是/否
- 试着黑掉电脑系统，掌握主动？ 是/否

把暴动电器的照片贴在这里

你把这个信息用在了……

正义？ □

邪恶？ □

你也可以试着完成以下的任务：
33 预判对手的下一步行动・41 变成科学天才・73 造一个力场・79 设计你自己的小配件・94 与电脑对话

第六感

　　处在食物链顶端太久，意味着我们已经失去了第六感，变得自大，认为直觉全是不理性的。但只要说过"我有一种不祥的预感"这样的话，你就有机会和生存本能重新连接。

危险突击队

　　★ 不管你去哪儿，永远先熟悉逃生的路线，并留意任何可以用来攻击或防御的物体。让自己放轻松，屏蔽掉一切干扰，让感知进入超意识的状态，这样就能发现周围一些不一样的风吹草动，比如影子、倒影、一阵风，或者是突然的寂静、风刮来的气味和响动。感知自己的感受，让它成为你的雷达，在理性分析出危险前，做出判断。

　　★ 恐惧是我们的对手，但同时也可以是我们的朋友，因为它提醒我们远离危险。用一周的时间，随身带上这本书或者一个笔记本，每当你感受到大脑发出了警告，就记录下来。比如你正过马路时，正打算和你爱的人告别时，或听到某种奇怪的声音。给这些不安的感受按强度打个分，并描述与之相伴的生理反应。

　　★ 动物们被认为对危险更加敏感，因为除了能感受到那些看得见的变化，它们还能察觉出大地微妙的震动。衣服和鞋子让我们身上的毛发丧失了感知能力，所以回归自然，打开你毛发的感受器吧。

你真让我恶心：很多动物使用一些很有意思的方式发出警告，那也是很有效的防御方式。比如乌贼发现危险时会喷射墨汁，还有一些鸟类，像秃鹰会呕吐在任何它觉得可能造成威胁的东西上。你能从它们身上学到些什么吗？

第六感

如果你完成了这项任务，
可以在这里贴一颗"成就之星"并填写下面的表格。

☆ 完成

—— **感知危险** ——

当你的第六感提前警示可能会发生的危险时，用下面的表格记录下来。

日期	时间	地点	

感受强度 ☐ 5分

你当时在做什么？ | 你当时是什么样的感受？

有哪些外界危险信号（如果有的话）？

日期	时间	地点	

感受强度 ☐ 5分

你当时在做什么？ | 你当时是什么样的感受？

有哪些外界危险信号（如果有的话）？

日期	时间	地点	

感受强度 ☐ 5分

你当时在做什么？ | 你当时是什么样的感受？

有哪些外界危险信号（如果有的话）？

在上面的情形中，第六感是否帮你发现了真正的威胁？ ☐ 是/否

如果有，谁正处在危险之中？

威胁是以什么样的形式显现的？

为了解除威胁，你采取了什么行动？

*如果你的答案为"否"，这并非代表你的第六感有缺陷。持续监测——早晚有一天，它会帮你拯救别人的生命。

你把这项能力用在了……

正义？ ☐

邪恶？ ☐

📖 **你也可以试着完成以下的任务**：
5 超级视力 · 33 预判对手的下一步行动 · 34 超级嗅觉 · 50 洞见未来 ·
60 拯救世界：对抗不死族 · 62 超级听力 · 63 观察技巧

选择你的着装

在外面穿条裤子对于一些场合也许很合适，但那样并不能彰显出你大胆（或是幼稚）的时尚品位。此时要明白，你现在强烈需要的是一身漂亮，同时又兼顾功能与舒适性的完美装扮。

穿成一个杀手

★ 对于着装，你可以把所有的实际需求列成一张单子。比如你是否需要在腰上绑一个工具带，还是在手腕或脚踝上安装一套自动弹出装置？每一套着装都应该防水，但如果你的特色是两栖作战的话，还得需要一些呼吸装置。或者，装一套内置的翅膀让你悬停在空中怎么样？不过，一身吸引眼球的打扮固然很好，但如果你成功的关键是潜行，怎么办？

★ 你的着装应该清楚地彰显你的身份和能力。它是你个人品牌的一部分，所以颜色和样式都非常重要，而且一定要和其他元素一起组成强有力的个人标志。如果你还没有完成这些，应该先给自己设计一个能嵌在衣服上的标志。

★ 你会怎样隐藏身份？一副头套还是化装——或者两者的结合？

★ 一旦你的设计完成了，先用原型产品进行试验——不断地完善。在面料和材质上不妨创新一点。练习快速地穿上和脱下这些装备，并在你的秘密基地检验一下它的舒适性、耐久性和特殊功能。

橡胶外壳：斗篷、面罩、紧身衣、盔甲、手套、靴子和大量的紧身莱卡材料往往是超级英雄衣柜里的可靠选择。想想为什么，还有你是否也需要它们。当你换装时，注意把面具在脸上留下的痕迹擦掉。

选择你的着装

如果你完成了这项任务,
可以在这里贴一颗"成就之星"并填写下面的表格。

☆ 完成

――――――― **穿起来** ―――――――

列出三种主要的颜色			

列出你最需要的三种功能			

――――――― **穿出彩** ―――――――

你的着装能帮助你……

把你设计的着装画在这里

飞? 是/否 如果是,怎么做到的?

在这里写下答案

游泳? 是/否 如果是,怎么做到的?

在这里写下答案

穿上你设计的着装,拍张照片,并把照片贴在这里

攀岩? 是/否 如果是,怎么做到的?

在这里写下答案

潜行? 是/否 如果是,怎么做到的?

在这里写下答案

防御? 是/否 如果是,怎么做到的?

在这里写下答案

你是否因此拥有了任何特殊功能? 如果有, 列在下面

你把这项能力用在了……

正义? □

邪恶? □

给自己的着装打个分

舒适性 总分5   样式 总分5   隐蔽性 总分5   实用性 总分5

你也可以试着完成以下的任务:
1 发现你性格的另一面・2 给自己起个名号・24 设计一个标志・42 你的标志性动作・
43 隐形・79 设计你自己的小配件

操控自然

　　自然的力量比任何人类个体的力量都要强大得多，所以看到超级英雄和超级反派们总想方设法操控自然为其所用，也就一点都不意外了。

土、风、火（还有水）

　　★ 借助水的力量。在气球里灌满水，然后把它扔向你的对手。一把精准的水枪也能造成极大的破坏。

　　★ 借助火的力量。学习如何生火——这将是你必备的生存技能之一。生火有很多方式：一包火柴最简单有效；要是恰好太阳高照，手边又有镜片（眼镜或是放大镜）的话，你连火柴也不需要了，再找些干木屑就可以生火。

　　★ 借助风的力量。找一个旧的、干净的酸奶盒和一个气球。先别把气球吹起来，直接在气球开口处打个结，然后在气球的顶端剪开一个小口。扯开这个小口，让它完全包住酸奶盒的顶部。最后一步，在酸奶盒的底部捅一个小孔。现在如果向后拉气球结，然后松手，你就能从酸奶盒的开口里射出一发空气弹了。这是基本的原理，你还可以设计更大、更好的版本。

　　★ 借助土的力量。充分利用大地能提供的一切，比如一点儿水和泥土能制造泥巴——伪装和攻击的利器。把树木当作有利地形、路标和藏身处，让它看起来更有创造性。把周围环境里所有能用来进攻和防御的东西都写进你的手册。

弱肉强食：你不能召唤火山、洪水、地震和暴风，不过这不是件坏事。这些自然界的猛兽会不加挑选地摧毁它们能接触到的所有生物。和它们搅和在一起可是一门极危险的生意，要冒着大量人员伤亡的风险。

操控自然

如果你完成了这项任务，
可以在这里贴一颗"成就之星"并填写下面的表格。

完成

火

借助太阳的力量来生火（确保你也准备了一些水，以防你需要灭火）。

你需要：一个放大镜、干树叶和树枝、太阳、耐心

1. 把干树叶捣碎，攒成一个小球。你也可以用草、树干、纸、棉花和羊绒。

2. 举起放大镜，放在小球上方，调整放大镜的角度，直到太阳光聚集在很小的一点上，尽可能地保持这一点在叶子上不动。

3. 当叶子开始冒烟时，轻轻地吹动它们。

4. 当燃起火苗的时候，加些小的干树枝作为火种；当火彻底着起来的时候，加一些大块的木头。

生火用了多久？

| 5–10分钟 | ☐ | 10–20分钟 | ☐ |
| 20–30分钟 | ☐ | 放弃了 | ☐ |

土

借助大自然的力量，创造性地利用周边的环境。

你是否曾经利用大自然来伪装？ 是/否

如果是，
如何做到的？ ☐

你是否曾经利用大自然来进行隐藏？ 是/否

如果是，
如何做到的？ ☐

你是否曾经利用大自然来得到食物？ 是/否

如果是，
如何做到的？ ☐

你是否曾经利用大自然来得到住所？ 是/否

如果是，
如何做到的？ ☐

风

借助风的力量来制作一把空气枪。在左页你能找到相关教程。

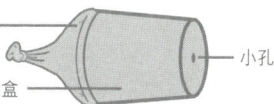

气球　　　　　　　　　小孔
酸奶盒

用你的空气枪攻击一个纸团，把纸团放在越来越远的位置来测试空气枪的射程。

你的空气枪有用吗？ 是/否

最远射程是多少？ ☐☐ 米 ☐☐ 厘米

你还用空气枪攻击过谁？
☐

水

借助水的力量……
做几个气球"水弹"，
轰炸开始！

谁是你的目标？

一棵树 ☐　你的对手 ☐　你的助手 ☐

其他（请说明）
☐

你把这项能力用在了……

你有几颗水球命中目标？ ☐.☐

正义？ ☐

你的目标回击了吗？ 是/否

邪恶？ ☐

你被命中几次？ ☐.☐

你也可以试着完成以下的任务：
41 变成科学天才 · 58 耐热又抗冻 · 75 拯救世界：免于环境灾难 · 79 设计你自己的小配件 · 98 像鱼一样游

知道你应该先救谁

你不见得总能救所有人，因为你不是什么神仙，你只是一个普通人，拥有一些特别的能力而已。在科学家找到克隆人的方法之前，你只能独自面对这个世界。这意味着你要分得清轻重缓急。

神机妙算

★ 先救女人和孩子——这是标准建议。当然还有一些其他的考量。假如世界末日来临，你只能救很有限的几个人，那么，那些能够重建人类文明的人是不是最值得救呢？当全世界都要完蛋的时候，救下全世界最厉害的足球明星固然好，但如果救一些有实际技能的人可能会更有帮助，比如工程师、木匠或是医生。很明显，男女混搭也会很有帮助。

★ 把你认为最恶劣的犯罪手段和灾难列成一个表单。从优先级上来说，帮小孩扶他马上就要掉进水坑里的书包，与从残暴的机器人手里拯救全人类相比，远不在同一个重量级上。但是面对其他的选择时，也许就没那么容易做判断了。

★ 你的第一反应也许是先救自己的家人和朋友，或是你有好感的男孩或女孩——但当你面对大量需要被拯救的人群，有时候你必须要相信他们有能力照顾好自己。拯救生命的时候，数量要比质量更重要。

爱他就给他自由：想象一下，你好不容易救下了梦中的男孩或女孩，却眼看着他们和别人走了。这肯定会让你心里不是滋味，心想还不如当初去救自己的宠物鼠。

知道你应该先救谁

如果你完成了这项任务，
可以在这里贴一颗"成就之星"并填写下面的表格。

☆
完成

──────── **救我，救我！！** ────────

根据重要性，填完下面的金字塔表格，告诉我们你会先救谁。把他们的名字或职业填在下面的空格里。这一页的两侧列了一些职业和人物，希望能给你一些提示。

专业人士

医生
政治家
律师
科学家
电视主持人
明星
建筑工人
药剂师
工程师
宇航员
警察
核物理学家
特工
足球运动员
木匠
运动员
作家
动物学家
化学家
护士
喜剧演员
外科医生
厨师

你认识的人／物

妈妈
爸爸
姐妹
兄弟
女朋友
男朋友
前女友
前男友
祖母
祖父
对手
宠物
最好的朋友
老师
同学
邻居
叔叔
阿姨
表亲
网友

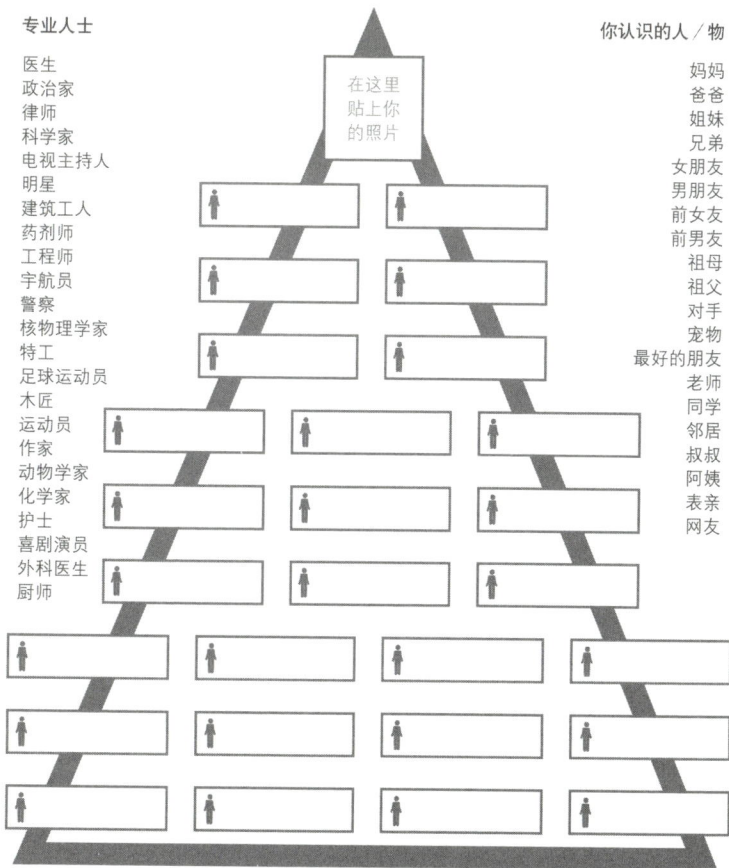

在这里贴上你的照片

你也可以试着完成以下的任务：
20 学会一心二用 · 29 解决不可能的问题 · 54 做出牺牲 · 81 迅速做出正确的决定 ·
99 集结超级团队

学会一心二用

　　时间不是什么奢侈品，但遇见紧急情况，你总会祈祷，希望能拥有更多时间，所以能同时完成几项工作是一种很重要的技能。但是不管怎么样，能同时做的事情还是有限。

任务大师

　　★ 同时结合心理和身体的训练是练习一心多用的最简单方法。很多人可以边运动边听歌，但如果让你一边背诵十三乘以十三乘法表，一边在空中来回接抛球，或是变魔术的时候快问快答量子物理题——那很显然得需要更多的练习。和你的助手制订一套训练方案，逐步提高同步任务的难度。

　　★ 同时完成两项肢体任务有时根本不可能——作为超级英雄，你不会突然多长出一只胳膊（好吧，我只是说可能性不大）。但你可以训练自己的脚去完成平时手完成的工作，比如捡东西或是打字，再训练自己比平常人做得更快，这样你不就能做更多的事了？

　　★ 大脑不能持续地处理多项任务，但你可以在任务之间迅速切换，并明确任务的优先级。完成右侧"翻番，翻三番"的任务。先解决数字题再去解谜语，还是在两种题型之间来回转换？哪种方式更快？别忘了给自己计时。下一个挑战，在做视觉测试的同时，再给自己增加一个听觉测试。

自动驾驶：你也许不能持续地一心二用，但有没有什么事情你根本不需要集中注意力就可以完成？试着在看电视的时候做一些你特别擅长的事情，看看和你平时比，水平下滑了吗？

学会一心二用

如果你完成了这项任务，
可以在这里贴一颗"成就之星"并填写下面的表格。

☆ 完成

签名

真正让你一心多用的方法是训练所有手和脚都为你工作。你的四肢同样灵活吗？

用你的惯用手在下方写下你的全名

哪只手是你的惯用手？

左 □ 右 □

用你的非惯用手在下方写下你的全名

评价费劲程度 10 它是否可以被读懂？ 是/否

哪只脚是你的惯用脚？

左 □
右 □

用任意一只脚试着在下方写出你的全名

评价费劲程度 10 它是否可以被读懂？ 是/否

双重麻烦

第一轮：先算完数学题再解字谜（它们都是超级英雄和超级反派）。给自己计时。

9 x □ = 81　　NAME SPUR

7 x □ = 147　　NOW WE RANDOM

15 x □ = 120　　NEW OR EVIL

12 x □ = 144　　DEAD LIVER

5 x □ = 250　　TOM ODOR COD

第一轮时间 [0 | 0] 分 [0 | 0] 秒　第一轮得分 10

第二轮：解一道数学题再解一道字谜，直到做完十道题。给自己计时，并和第一轮的结果进行比较。

28 x □ = 168　　DREAM SPIN

4 x □ = 28　　BANTAM

11 x □ = 143　　A MAC TOWN

5 x □ = 150　　NOBEL GINGER

7 x □ = 91　　A TRAFFIC SNOUT

第二轮时间 [0 | 0] 分 [0 | 0] 秒

第二轮得分 10

多给自己些这样的测试，你的目标是让自己在第二轮的表现和第一轮一样快，一样熟练。
（答案在本书最后）

你把这项能力用在了……

正义？ □
邪恶？ □

你也可以试着完成以下的任务：
1 发现你性格的另一面・14 力量・21 灵活・29 解决不可能的问题・36 分身・59 冒险・70 应对压力

灵活

　　超级英雄必须能够快速移动——不仅仅是跑得快。从拆炸弹到破解电脑系统，或是与对手徒手肉搏，而且他们不会给你一整个下午让你悠闲地一件一件办完。在必须同时做两件事的时候，如果你的双手同样灵活，那会带来多大方便啊，因为再也不会有一只笨拙的左手或是迟钝的右手碍手碍脚了。不分左右手应该成为你的目标。

指尖上的知识

　　★ 如果你有一个助手来专门帮你处理粉丝来信和投诉，那你很可能没有多少耐心去碰键盘，但是"盲打"是手指灵活的表现。所以给自己一些测试，试试自己的速度和准确性。

　　★ 很难想象你这个超级英雄窝在沙发里打毛衣的样子（除非你是超级奶奶），不过织毛衣是一种很好的训练灵巧度的方式，它可以帮助你战胜笨拙。好吧，如果你不能接受这个，那扑克牌怎么样？看看你是否能掌握一些酷炫的洗牌技术，像赌场里的荷官一样快速发牌。

　　★ 画下你能想到的最复杂的东西——比如一副人体骨骼，或是一盘意大利面，或是汽车发动机。简单吗？那好，把它剪下来。

　　★ 你觉得已经可以熟练掌握这些技巧了？现在"交换"你的双手，如果你习惯用左手，看看你是否能够当一个小时右撇子；如果习惯用右手，那就当个左撇子。增加交换时间，直到你可以交换一整天，而且生活、学习不受影响，和平时一样。

手之舞：我们的双手能做出各种各样的手势，比如竖起大拇指或是胜利的手势，不过你试过发明属于自己的手势吗？把一些复杂的手势和音乐结合在一起，来创造一种新的时尚吧！你可以叫它"手上迪斯科"。

灵活

如果你完成了这项任务，
可以在这里贴一颗"成就之星"并填写下面的表格。

☆
完成

速录与灵活

通过下面的挑战来测试灵活度。一开始谁都会难免有些笨手笨脚，没关系，再试一次——要坚信铁杵磨成针的道理。很快你的手指就可以飞速穿梭了，不过到时候你的大脑能跟得上吗？

打字测试

把下面这段话用最快的速度，尽可能准确地打出来，让你的助手帮助计时，并检查准确性。

我当时正忙着帮女王解开绑在她皇冠上讨厌的丝带（我觉得它们一定是打了一个死结），同时另一只手在给忧郁博士重新设置他的火箭发射器，这次他要把自己的基地设为目的地坐标（北纬46度25分4.49秒，西经81度17分26.1秒）。突然，我听到一阵嘈杂的喧闹声从走廊的尽头传来，听上去就像是几百万根毛线针像瀑布一样砸下来。我转过身，看见一大群黑色的，像甲虫一样的小机器人，正从门缝里钻出来，并迅速飞向我们，它们的每一只眼里都闪烁着一个红色的小LED灯。

最快你花了多久？ | 0 | 0 | 0 | 秒　　　你打错了几个字？ | 0 | 0 |　　　灵活性评分 | 满分 10 |

发短信测试

你发短信能有多快？来自葡萄牙的佩德罗·马蒂斯在2010年1月14日打破了发短信的吉尼斯世界纪录，当时他正在参加LG手机世界杯锦标赛，并用手机发送了下面这段文字，总共花了119秒。你能赢过他吗？

The telephone was invented by Alexander Graham Bell (UK), who filed his patent for the telephone on 14 February 1876 at the New York Patent Office, USA. The first intelligible call occured in March 1876 in Boston, Massachusetts, when Bell phoned his assistant in a nearby room and said "Come here, Watson, I want you."

（电话是由英国人亚历山大·噶拉哈姆·贝尔发明的，他在1876年2月14日于美国纽约专利局为电话申请了专利。第一通清楚的通话发生在1876年3月的麻省波士顿，当时贝尔打给了隔壁房间的助手，他说："过来，华生，我需要你。"）

你把这项能力
用在了……
正义？ □
邪恶？ □

你的最快速度
是多久？ | 0 | 0 | 0 | 秒　　　你打错了
几个字？ | 0 | 0 |　　　灵活性评分 | 满分 10 |

你也可以试着完成以下的任务：
20 学会一心二用 · 66 敏捷 · 83 手眼协调 · 94 与电脑对话

和动物交流

　　动物可以做到很多人类只敢想象却做不到的高难度事情。想象一下，如果你和那些长满羽毛、鬃毛、鳞片的朋友们结成同盟，不就可以把它们的那些超能力为我所用了吗？当然，要想建立这样的友谊，你还有一些小小的沟通障碍需要克服……

鸟语者

　　★ 选择一种动物作为训练对象——最好选择那些平时容易接触到的动物，而且确保它们拥有可以被利用的技能。不要只选那些明显很聪明的动物。比如一群羊可以拖延住一个正准备逃跑的罪犯，或是一只鸽子可以用一团白色的粑粑炸弹蒙住对手的眼睛，阻止他进一步做出任何邪恶的举动。

　　★ 观察你的动物是怎样通过身体、声音与同类或其他动物交流的。留意它们是如何应对不同情境，以及如何表达喜悦、生气或恐惧。

　　★ 练习模仿这些声音以及与之相伴的任何肢体动作。当然这不见得永远都可能——如果一只狗摇尾巴，你也许就有困难了。对它们做些带有相同含义的动作：你的动物能够识别并做出反应的一些动作。

　　★ 一旦你掌握了这些基本的技能，试着给些简单的指令，看看它们能不能懂，开始建立更深的友谊。把它们争取过来非常重要，所以你要持续给它们食物、保护和建议——总之，所有它们可能会需要的。这样它们就会相信你，并在你需要的时候挺身而出。

　　流畅的步伐：当你第一次接近某种动物的时候，尽可能地让自己看上去没有威胁。这意味着你要让自己看上去更小；要非常缓慢但流畅地移动自己，并发出一些示弱的低吼；不要穿亮色的衣服和涂抹浓烈的香水。

和动物交流

如果你完成了这项任务，
可以在这里贴一颗"成就之星"并填写下面的表格。

☆
完成

汪，汪！

制作动物短语词汇表，可以从完成下面的表格开始。只要你学会了新的短语词汇，就应该进一步巩固。记录你所观察的动物发出的声音（如果有），用合适的汉字标注它的发音，同时记下它们发出这些声音时所做出的肢体动作。

你打算学习哪种动物语言？

中文短语	在 _____ (在这里写下你研究的动物) 的语言里听起来像	在 _____ (在这里写下你研究的动物) 的语言里听起来像
你好		
谢谢		
走开		
把那个递给我		
我爱你		
我恨你		
不喜欢那个		
喜欢那个		
我饿了		
在这里写下你自己的短语		
在这里写下你自己的短语		
在这里写下你自己的短语		
在这里写下你自己的短语		

把你刚学的这些短语用在你观察的动物身上，
你得到了怎样的反馈？

没听懂，没反应 ☐

它们做出了积极反应，
但我看不懂它们的反应 ☐

我觉得它们听懂了，
但选择不理我 ☐

太棒了——我们进行了
一场深入的对话 ☐

你把这项能力
用在了……

正义？ ☐

邪恶？ ☐

你也可以试着完成以下的任务：
37 训练你的超级宠物·40 理解肢体语言·72 说上百种语言·85 变身术·
88 掌握各种专业知识·92 心灵感应

统治世界的邪恶计划

统治世界不会只用一下午就能轻松完成，这种规模的计划需要分阶段实施。把你的计划分解成一个个的小计划，每一个都要有明确的首要和次要目标，以及完成的期限。

放长线钓大鱼

★ 生活构建在一条条食物链之间，你必须要不停往上爬。现在画一张表，标出你认为自己现在所处的位置，以及想达到的位置（也就是最顶端）。规划出一条达到那个位置的路径，并选好一系列目标。在登上权力巅峰，享受荣誉大餐之前，你还有很长的一段路要走。

★ 你的资金从哪儿来？商业交易、绑架、克隆、敲诈、偷窃、抢劫？或许只是打一架。也许你想通过正规的渠道寻求融资，好不让别人产生怀疑，给自己空间悄悄地筹备邪恶计划。

★ 谁会帮助你？你需要帮助别人，让他们欠你人情，这会让自己处在优势位置，积攒需要的人才。另外，你还要明确自己的优势并好好利用它们。

★ 你会选择什么武器？僵尸大军？一场金融危机？一个电脑病毒？一个巨大的空间激光？大自然？精神控制药物？机器人？外星人？

★ 找出阻止你成功的所有潜在威胁（比如超级英雄），规划出消灭他们的最好方法。你要清楚自己的缺点，但不要暴露出来，赶紧找几个手下来填补自己的不足。

商业模式：作为准备工作的一部分，你要为最后的致命一击做一个周密的模型。你的目标在哪儿，你要怎么接近他们？规划好逃跑路线，以防某些讨厌的超级英雄毁了你的狂欢派对。

统治世界的邪恶计划

如果你完成了这项任务，
可以在这里贴一颗"成就之星"并填写下面的表格。

完成

统治世界等式

成功地统治世界只有在天时地利人和、所有条件都成熟的时候才能实现。但到底需要哪些条件？火箭机器人、金融体系瘫痪、大范围的大脑操控？一旦把左页提到的所有因素都考虑一遍并制订了一个完美的邪恶天才另一个任务：推导出一个等式，能完美保证结果——统治世界。

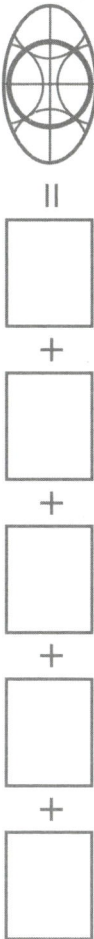

明日的世界！

□ + □ + □ + □ = □

我的作战顺序

给世界不同的区域标上不同的颜色，作为你大战计划里不同阶段的目标，并标出完成时间。不要让任何区域留有空白。

阶段	完成时间
1	
2	
3	
4	
5	

你也可以试着完成以下的任务：

20 学会一心二用・29 解决不可能的问题・46 选择一个使命・53 冷酷无情・82 经济头脑・97 眼观六路，耳听八方

设计一个标志

给自己取好名号之后，应该设计一个标志，作为建立品牌的基础。到时候你可以把标志印在衣服、文具、座驾和装备上，它会是一个很有用的代号。

标志学

★ 一个好标志的关键是容易识别，所以当你试着画出一些想法时，注意保持简单、醒目。这也意味着它更容易复制，更方便应用。

★ 把自己的立场和风格压缩到图形设计里会是一项真正的挑战。这时，你需要打开思路，尤其是当你的名号与某些抽象的品质相关（比如速度），而不是一些具体的东西（比如蜘蛛）。当然，你可以用文字作为标志的一部分，但记住，图像永远比文字更容易被理解。如果你确实打算使用文字（比如你的名号），那么也要仔细想想哪种字体更合适。

★ 你要怎么复制你的标志？如果能用电脑把它画出来就太好了，那样就能把它印在信纸的页眉（假设需要写信给警察局或是你的对手）或是贴纸上（这样可以把它贴在所有的装备上）。你甚至可以把它印在特殊的转印纸上，那样就可以烫在衣服上或是做成文身了。如果你没有电脑，或者没有能力去复制，还有些别的办法，比如可靠的橡皮章。

苹果、熊猫和金色拱门：列出你能想到的10个最具代表性的标志，让你的助手也做同样的事情。你们做的这两份表看上去差不多吗？是什么让这些标志被深深地记住？只是因为它们经常在你周围出现吗？

设计一个标志

如果你完成了这项任务，
可以在这里贴一颗"成就之星"并填写下面的表格。

☆
完成

———————— **标志** ————————

在这里设计你
自己的标志

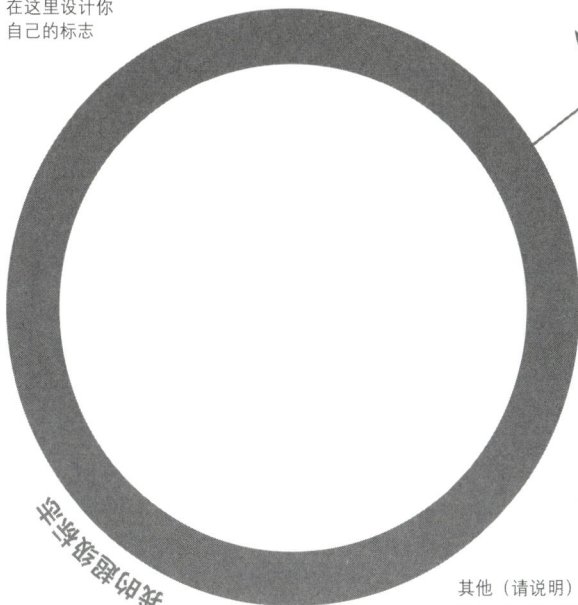

你要把你的标志
用在哪儿?

着装	
代号	
装备	
名片	
信笺	
超级座驾	
其他	

其他（请说明）

贴你的成就之星

在商业街上参考其他标志。在下面的格子里，画出三个你
觉得最好的标志，看看你的助手能否识别出来。

你把这个标志
用在了⋯⋯

_____公司	_____公司	_____公司

正义?

邪恶?

你也可以试着完成以下的任务:
2 给自己起个名号 · 17 选择你的着装 · 48 选择你的标志物 · 67 选择你的呼叫信号 ·
79 设计你自己的小配件 · 83 手眼协调

控制你的脾气

情绪是一种强大的东西，在热恋中可能会让你偶尔失去理性。生气的问题在于，如果你总是放纵它，它就很可能变成一种破坏性力量。这并不代表生气就是错的——它是一种正常的防卫机制，让我们抵抗攻击，但如果沉浸其中，你有可能会变成自己所憎恶的人。

杀红眼

★ 愤怒和郁闷会让你心跳加速，血压升高，肾上腺素分泌。如果你一直都没有找到途径来宣泄这股力量，它迟早会爆发——这有可能会殃及你身边的人——还有可能会引发内爆，启动自我毁灭程序。实际上有很多无害的方式来宣泄情绪，比如做运动、跑跑步，捶打自己的枕头，深深地吸一口气，或是像疯子一样手舞足蹈，或是放声大喊一嗓子（最后这两项最好在独处的情况下完成）。

★ 作为超级英雄，你注定要面对很多坏人，他们的行为会不同程度地挑战你的道德底线。记住，你也许是个超人，但绝不是上帝。虽然人们总是对你抱有很高的期待，但是你也不会总是成功。你一定要学会面对批评、失望、内疚和自尊受挫。你的对手知道怎么利用你的这些不安情绪。所以当你感觉怒火已经开始沸腾的时候，尽量问一些能迫使自己理性思考的问题，尽快平静下来。

翻盘：没有什么比无视更能激怒那些恶棍了。当你的对手试图激怒你的时候，尽可能地保持平静和放空，很快你会发现揪着衣领发脾气的不是你，而是他们。

控制你的脾气

如果你完成了这项任务，
可以在这里贴一颗"成就之星"并填写下面的表格。

完成

—— 脾气压力计 ——

愤怒

生气

狂怒

稍微有点烦

爆发

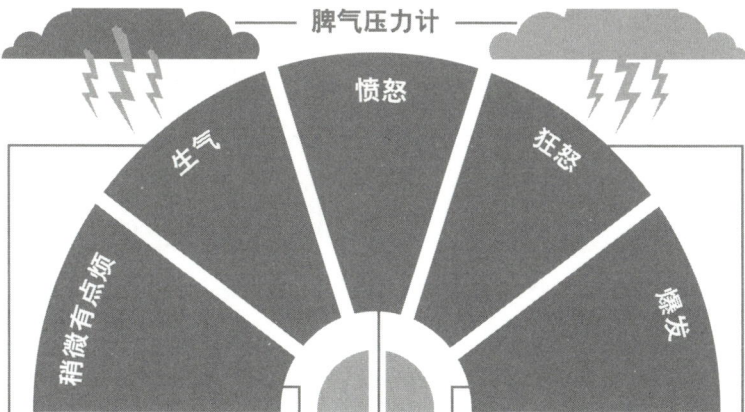

是什么让你稍微有点烦?

是什么让你爆发?

是什么让你生气?

是什么让你狂怒?

是什么让你愤怒?

至少用一天的时间来监测
自己的愤怒程度。

在脾气压力计上用箭头标
出你最生气的程度。

你把这项能力
用在了……

正义?

邪恶?

是什么让你如此愤怒?

你是怎么平静下来的?

你也可以试着完成以下的任务:

8 文明地教训别人·11 扮恶人·26 了解你的弱点·70 应对压力·84 拒绝诱惑·
101 拯救世界: 对抗你自己

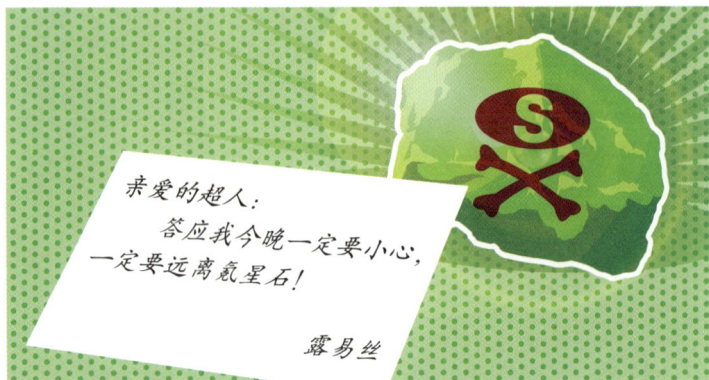

亲爱的超人：
　　答应我今晚一定要小心，
一定要远离氪星石！

露易丝

了解你的弱点

假设你战胜了所有的不可能，在各种邪恶的诱惑面前，保持了人性，挽救了千百人的生命，还打败了整个兵团，终于和对手正面交锋了，你却因为对他或她的猫过敏，倒在了地板上。世界上还有比这更扫兴的事情吗？所有的超级英雄都有弱点，重要的是一定要在你的对手发现前找到它们。

前辈的建议

★ 第一件事，先想想你的优势是什么，还有是什么让你成为了超级英雄。这能给你些线索，帮你找到自己的弱点，因为一个超级英雄的命门经常和他或她的超能力源泉紧密相连（超人不能忍受来自故乡星球氪星的石头碎片就是一个现成的例子）。假设你有超强的听力，很可能高分贝的噪音对你来说就没法忍受，甚至会要了你的命。

★ 列出所有会影响你能力的个人因素，比如有没有任何心理障碍、莫名的恐惧或是肢体障碍？有时人们很难承认自己的弱点，你也可以征求一些特别了解你，而你也非常信任的人的意见。

★ 有没有什么物品或设备能帮你弥补自己的弱点？给自己备一个应急包，包括急救包、生存物品，还有特别重要的——任何能够保护你致命要害的东西。

彼此彼此：你的对手很可能也有一项致命弱点，找到它会给你增加一张有分量的底牌。在他们身上做一些类似的调研，尽可能找出他们的弱点。

了解你的弱点

如果你完成了这项任务，
可以在这里贴一颗"成就之星"并填写下面的表格。

★ 完成

—— 弱点大起底 ——

是时候认真严肃地审视自己了，你要对自己生理、心理、情绪上的所有弱点保持绝对的坦诚。为了确保没有遗漏，让你的助手给你一些补充意见——也要鼓励他同样保持绝对坦诚的态度。

弱点声明

条款101.5:1、签署者承诺，绝不因助手的任何评价，
产生烦闷、生气或不安情绪。

签名：

你的自愿声明	你助手的自愿声明
我的弱点是……	他的弱点是……

应急包

如果你的对手想要狡猾地利用你的弱点来对付你，那么你应该准备一个应急包自我保护，以便迅速恢复重回战场。哪些东西会有用？

物品一	物品二	物品三
物品四	物品五	物品六
物品七	物品八	物品九

你也可以试着完成以下的任务：
13 克服你的恐惧·25 控制你的脾气·59 冒险·68 避开你的致命弱点·70 应对压力·
101 拯救世界：对抗你自己

夜视能力

传说吃胡萝卜能让你拥有夜视能力，这并不完全准确，但绿叶植物和橘色植物因为富含维生素A，的确对视力有好处。不过要想获得真正的夜视能力，除了吃得像只兔子以外，还得做点别的努力，比如……

只让你看

★ 处在眼球后方的视网膜是由杆状细胞和圆锥细胞构成的。圆锥细胞分辨颜色，而杆状细胞分辨运动，所以那些杆状细胞是我们在弱光或无光环境里最需要的。但是，瞳孔正后方有一块区域叫"中央凹槽"，那里一点儿杆状细胞都没有，所以在黑暗环境里最好用余光来观察事物，而非直视。

★ 在有调光开关的房间里练习夜视能力。让你的助手举着画有符号的纸，站在房间的另一头，在不同的光线下试着读出纸上的符号。先从全黑开始，逐步调亮灯光直到你可以清楚地看清纸上的符号。你应该定期做这个练习。

★ 立马走进黑暗里，眼睛得需要花些时间来适应。你可以用以下方式来加快适应时间：在走进黑暗之前先闭一会儿眼睛，一旦进入黑暗，不要马上直视光源，这只会变得更难。不过你也可以冲着对手的眼睛打光，让他们失去夜视能力。

忍者视力：忍者们都会被教导在黑暗里保持下蹲，其中一个原因是，如果你比你的目标所处的位置低，那么对着任何光源（比如月光），在你所处的角度都能更容易地辨别目标的轮廓。

夜视能力

如果你完成了这项任务，
可以在这里贴一颗"成就之星"并填写下面的表格。

☆
完成

黑夜里的跌跌撞撞

提高夜视能力并不意味着只是枯燥地训练、训练、训练，有些方法能让训练变得更有趣。

黑夜杀人游戏

你需要：四名以上的玩家、一间空旷且全黑的房间、小纸片（一人一张）、笔、一顶帽子

怎么玩：在一张纸写上"警"字代表警察，在另一张纸写上"杀"字代表杀手，剩下的纸片不写字。把这些纸片折起来扔进帽子里，每个人选一张。拿到写着"警"字的人，要告诉别人自己的身份，而其他人的身份都是保密的。那些纸片没写字的人都是潜在的受害者或嫌疑人。

警察要先离开房间并关闭屋内的灯，屋里的其他人这时可以自由移动。杀手找到目标后，迅速戳一下受害人的肩膀，受害人这时必须倒地、尖叫证明自己"死了"。尖叫声是允许警察回到房间的信号，警察回到房间同时打开房间里的灯。

警察现在必须要判断谁是杀手，如果猜对了，游戏结束，警察赢了；如果猜错了，杀手赢——或者，游戏人数很多的话，可以再来一轮，让杀手再选择第二个受害人，之后警察能有第二次猜杀手的机会。你们可以持续玩下去，直到屋里只剩下两个幸存者。此时，如果警察猜错了，那么杀手就赢了。

这个游戏你们总共玩了几次？ [0│0]

你当杀手的时候是否赢了？ [是/否]

你杀了几名受害者？ [0│0]

你当警察的时候是否赢了？ [是/否]

如果是，总共花了几轮？ [0│0]

你当了几次受害者？ [0│0]

你被冤枉几次？ [0│0]

黑夜巡航游戏

你能在被蒙住双眼的情况下来回穿梭吗？在开始之前，你需要在家里的每个房间藏一个苹果或橘子。你的任务是在黑暗里找到它们，所以不要把它们放在任何危险的地方，比如碗柜或炉子里。

你可以蒙上眼睛或是等夜幕降临，关掉所有的灯，拉上所有的窗帘。

小贴士：
1. 在黑暗中，距离会显得比实际大很多。
2. 慢慢地、小心地移动，以防不小心被忘在了房间正中的椅子绊倒，你不希望因此受伤吧。
3. 碰到楼梯，你要匍匐爬上去，千万不要尝试在黑夜里直立爬楼梯。
4. 为了保险起见，让你的助手在旁边看着你（举着手电筒，如果需要的话），并在你要伤到自己或是撞翻什么之前，大声警告你。

你找到了多少苹果或橘子？ [0│0]

有多少次你撞到了东西？ [0│0]

你的助手是否需要教你？ [是/否]

你把这项能力用在了……

正义？ □

邪恶？ □

你也可以试着完成以下的任务：
5 超级视力・10 潜行・16 第六感・34 超级嗅觉・60 拯救世界：对抗不死族・62 超级听力・63 观察技巧

平衡

　　如果你不能保持稳稳地站在地上，获得其他再多超能力也是徒劳。重力既可以是朋友，也可以是对手，抗拒它远不如学会适应它。

顺势而为

　　★ 任何物体都有重心。当重心点上所受到的各个方向的重力是均衡的时候，物体就会达到完美的平衡状态。对于人体来说，重心位于肚脐以下，胃和后背之间。当然，前提是得站直不动。如果在运动过程中，重心的位置则会基于不同的姿势而产生变化。保持笔直站立并放松，感受你的重心位置。两眼直视前方的固定物体将有助于保持平衡。

　　★ 试着站在底层的第一级台阶上，两腿打开，脚掌腾空，只用脚尖踩在台阶边缘保持平衡。闭上眼睛，慢慢合拢双脚。最后单脚离地，并尽可能保持这个姿势。现在再试一次同样的姿势，不过在一侧的肩膀上挎一只包，再换另一侧的肩膀。试着伸直手臂，举起一只重包。如果你总能找到重心，那说明你的平衡感真的不错。

　　★ 杂技、芭蕾舞、太极，还有瑜伽，都是提高平衡感的运动。在家里，可以通过仰卧起坐来训练腹部肌肉，或者在头上顶本书四处走动来训练平衡感。还可以练习芭蕾舞里的单脚旋转：用一只脚做支撑，把目光锁定在一点，甩头让自己旋转起来，再快速回身找到之前那个点。

你是否知道……我们的平衡感知依赖于内耳里的管道系统。感觉毛细胞探测到耳管内液体的流动，发射信号给大脑，指挥眼睛及肌肉做出相应调整以保持平衡。

平衡

如果你完成了这项任务，
可以在这里贴一颗"成就之星"并填写下面的表格。

☆
完成

——— 平衡操 ———

这里有五个测试能帮助你来评估自己的平衡能力，分别尝试并记录结果。尽可能多练习，
看看你是否能达到超级英雄的水准。

测试一 顶着书行动，尽可能保持书的平衡

你最多能顶几本？ [0 | 0]

在它们落地之前，你能走多远？ [0 | 0] 米

测试二 如下图，保持瑜伽树的姿势

你能保持多久？

右脚站立 [0 | 0] 分 [0 | 0] 秒

左脚站立 [0 | 0] 分 [0 | 0] 秒

测试三 用头或手保持倒立

这个姿势你能坚持多久？

[0 | 0] 分 [0 | 0] 秒

你能倒立行走吗？ [是/否]

测试四 踩着石头过河

总共有多少石头？ [0 | 0]

你掉下水了吗？ [是/否]

测试五 杆上行走

杆子有多长？ [0 | 0] 米

你掉下来了吗？ [是/否]

为你的平衡能力打分

☆ 非常糟糕　☆ 糟糕　☆ 一般

☆ 好　☆ 很好　☆ 完美

你把这项能力用在了……

正义？ □　邪恶？ □

你也可以试着完成以下的任务：

10 潜行 · 43 隐形 · 51 跳跃 · 66 敏捷 · 69 功夫大师 · 83 手眼协调

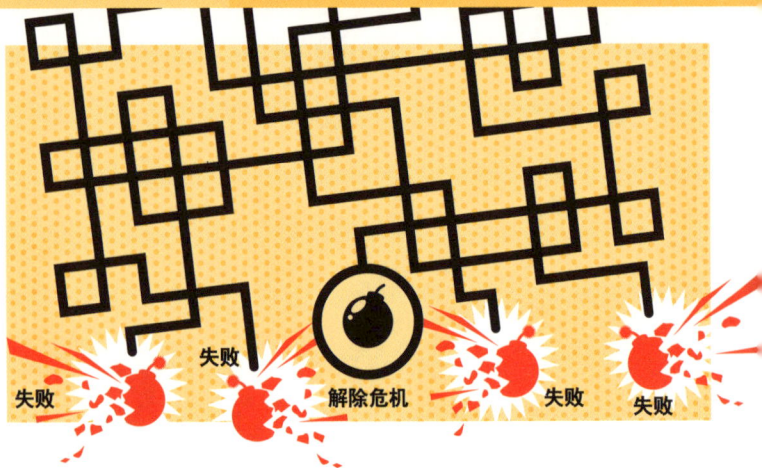

解决不可能的问题

你泡在城市下水管道里，面前有个计时器，你只有十分钟的时间来疏散整个城市，或解除泥人的超级沼气弹。但是，泥人还会多花你五分钟的时间，因为它会回到管道尽头的垃圾船里，带着总统作为人质逃之夭夭。真是个讨厌鬼！作为一个老练的超级英雄，你每天都会遇见这样的麻烦。现在就赶紧开始大脑训练吧，当那一天真的到来时，你就可以轻轻松松地救出人质，抓住歹徒，甚至汗都没出就拯救了世界。

关键时刻

★ 问题会以不同的形式和规模出现。从分析问题本质入手，核查问题的各个层面，这样就不会因为遗漏掉重要信息而搞砸，比如炸弹周围埋藏着引线，或是存在重大转机，比如定时器上有"取消"键。

★ 当分析时，问问自己这些问题：还有多少时间？还能争取更多时间吗？应该先做什么？需要什么工具？有现成的工具吗？可以利用周围的东西吗？

★ 解决这种重量级的难题一般还需要掌握各种各样的心理技巧：合格的智力测试不应该只是对语言能力和数学能力的测试。网上有很多智力测试题，不过你也可以从右页我们为你准备的挑战开始（别担心，答案在书的最后）。

★ 要是想训练在压力下解谜的能力，就去买一个你能找到的最大拼图，并给自己一个时间期限来完成它。

行动计划：每个行为都会伴随着相应的后果，所以在你忙着解决什么之前，先考虑你的每一个行为可能会带来的后果。在大脑里对每一步都做一遍演习，确保你真的在接近目标，而不是远离。

解决不可能的问题

如果你完成了这项任务，
可以在这里贴一颗"成就之星"并填写下面的表格。

★ 完成

—— 大脑训练 ——

这里有七个智力题，有的难，有的容易。
如果你能全都答对，那成为一位超级英雄
去解决不可能的问题就太适合你了。如果
能在十分钟之内全部答对，你已经不再需
要进一步的训练了。

1. 科学男孩，今年十二岁，是他
妹妹——生气队长年纪的四倍。
等到他年纪是他妹妹两倍大的时
候，他该是多大？

☐ | ☐

2. 如果1D里有24H=1天有24小时，那么：

i 1M有60S　　ii C包含12D

iii 101T去D　　iv 3BM（SHTR）

i	ii

iii	iv

3. 这个数列中的下一个数应该是多少？

1-2-4-7-11-16-22-29-37- ☐ | ☐

4. 把下面两个图形拼在一起将是什么样？

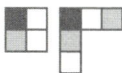

你的答案

i　ii　iii　iv

5. 400的1/5的1/2的1/4是多少？ ☐ | ☐

6. 如果ＢＤ=1，ＨＭ=4，
ＫＴ=8，那么ＶＹ等于多少？ ☐ | ☐

7. 结束了一天的任务，你正开着你的超级
汽车回家。你有160公里的路程，速度是
200公里／小时，但是油箱在漏油。出门
时，你有7加仑油，每加仑油可以跑40公
里，现在每16分钟就漏掉1加仑油。

你有足够的油回家吗？ 是/否

得分 总分
10 时间 ☐ | ☐ 分 ☐ | ☐ 秒

（答案在本书最后）

—— 建造 ——

测试的第二部分，你需要一套手工玩
具——它可以是一套乐高积木，或是任何
其他的模型套件，甚至是折纸套件。你的
任务是在不看说明的情况下，做出包装盒
上的模型。你必须凭借自己的力量找出搭
建的方法。

你打算建什么？

☐ 你成功
了吗？ 是/否

如果成功了，你一共花了多久建造它？

☐ | ☐ 时 ☐ | ☐ 分 ☐ | ☐ 秒

建造的过程你偷看了几次说明书？ ☐ | ☐

跟包装盒上的图案相比，它看上去……

像个垃圾，完全
不一样？ 是/否

差不多一样？ 是/否

挺好的，但完全
不一样？ 是/否

一模一样？ 是/否

你把这项能力
用在了……

正义？
☐ 邪恶？

你也可以试着完成以下的任务：
7 破解晦涩谜语·21 灵活·39 速度·41 变成科学天才·59 冒险·70 应对压力·
88 掌握各种专业知识

拯救世界：对抗外星人袭击

当那些小绿人终于在我们生存的星球上出现时，我们要做好最坏的打算。如果幸运的话，他们只是像ET一样骑着自行车带着我们飞一会儿，那你的工作就只是当好地球大使对他们表示欢迎。如果他们并不喜欢社交活动，你就不得不登上地球保护者的宝座了。

ET回家吧！

★ 虽然你看不见，但不代表他们不在地球。外星人也许有变身的能力，所以他们能融入我们的社会。用你的观察能力去发现那些非人类的可疑举动吧。

★ 不要立刻假设外星访客都是有敌意的。相信你也不愿意随随便便毁掉一段很有潜力的美好友情。先观察，尤其是他们互动的方式。如果你可以只是通过媒介联络他们，最好避免正面接触。

★ 即使他们表现出敌意，也要先弄清楚这些ET想要什么。也许他们的星球不足以养活他们了，或是他们正遭受其他外星人的威胁，没准你们能一起想出解决的办法。当然，他们也可能是一群残暴的流氓，只想欺负我们，那你大可以放开手脚，把你会的绝招全都使出来。

★ 没有人是无法战胜的，即使是闪着最邪恶绿光的ET也不例外。如果军队的常规武器拿他们没办法，那就轮到你去找到他们的弱点了。这个时候，你还要保证其他人的安全，包括那些坏人。军队和警察会帮你的。

再走近一步，我就扔香蕉了：在H. G. 威尔斯的小说《世界大战》里，水摧毁了外星人；在电影《火星人玩转地球》里，斯林·惠特曼的音乐击退了火星人，虽然有点儿扯。但换句话说，你要做好用任何东西来对抗的准备，不管它看上去是多么的愚蠢。

拯救世界：对抗外星人袭击

如果你完成了这项任务，
可以在这里贴一颗"成就之星"并填写下面的表格。

★ 完成

机密文件

外星人
—— 了解你的对手 ——

外星人是伪装大师，所以如果你发现了可疑分子，就要让你的小雷达时刻保持警惕。有没有谁早就怀疑是外星人？在下面给他们建立一个档案。

外星嫌疑人

对手的弱点

他们表现出以下哪些行为？

奇怪的穿衣风格　是/否　　生理障碍　是/否　　对手的优势

扭曲的幽默感　是/否　诡异的饮食习惯　是/否

偷偷摸摸的性格　是/否　　超能力　是/否

你的外形嫌疑人是否存在敌意？他们是否……

携带任何武器？　是/否　　抱怨人类行为？　是/否

拥有火爆脾气？　是/否　　抱怨人口过剩？　是/否

你需要一个行动计划，你会　　详细说明你打算如何执行计划

询问你的嫌疑人？　是/否

试着让嫌疑人暴露？　是/否

消灭你的嫌疑人？　是/否

曝光你的嫌疑人？　是/否

加入你的嫌疑人？　是/否

把外星嫌疑人的照片贴在这里

你把这项信息用在了……

正义？ □　　邪恶？ □

你也可以试着完成以下的任务：
33 预判对手的下一步行动·63 观察技巧·72 说上百种语言·73 造一个力场·92 心灵感应

找出你的对手

　　你可能还没发觉，不过世界上有一个人的命运是和你紧紧缠绕在一起的。我说的可不是你未来的爱人，不是陷入爱河并永远幸福地生活下去那种。不。不。这段关系中没有多少幸福可言，可你却被一种古怪的、无法抗拒的力量相互吸引着。

想要懂你不容易

　　★ 你要找的对手和普通的对手有一点不同，那就是你会感觉到和他们有种特殊的联系。你可能厌恶他们及他们所代表的一切，但如果细细了解就会发现，他们和你有一些相同的东西。这让他们更难被你发现。

　　★ 列出几个可能的对手。把所有认识的人都考虑一遍——有没有哪个人让你感觉到一种独特的吸引力？有没有哪个人对你默默关注，让你感到有点不安？有没有哪个人让你既喜欢又讨厌？有没有哪个人既让你想要亲近又想一脚踢开？

　　★ 为了缩小搜寻范围，想想你或其中哪个人可能保存着对方一些不为人知的小秘密，又很想和对方摊牌。你可以先在曾经的好朋友中搜寻一番，不过任何可能的人都不要放过，就算你的助手也不行。

　　★ 你的对手会像经典神话中的复仇女神一样，是报复和惩罚的化身。由于一些已知或未知的原因，你所寻找的对手也拼命地想要痛扁你一顿，因为他们一定发自内心地觉得你活该。

想要见面：如果实在找不出对手，你可能得用更直接一点的方法——发布广告招一个。把广告放在一个你的同类可能会看到的地方，之后你就要花足够多的时间去了解他，直到你决定是否要把他当成你的对手。

找出你的对手

如果你完成了这项任务，
可以在这里贴一颗"成就之星"并填写下面的表格。

完成

对手评估

第一部分 识别
在下方列出三名最有可能的嫌疑人

1.

2.

3.

从1到10给他们打分

	1	2	3
你有多讨厌他们	总分10	总分10	总分10
你觉得他们有多讨厌你	总分10	总分10	10
你和他们有多少共同点	总分10	总分10	总分10
把每个嫌疑人的得分加起来	总分30	总分30	总分30

三个嫌疑人做过以下哪些对你不利的事？每打一个对钩，就在该嫌疑人的总分上加5分。

	1	2	3
羞辱你			
偷你的东西			
欺骗你			

打你

威胁你的生命安全

伤害你喜欢的人

谁得分最高？　总分60　总分60　总分60

你已经找到你的对手了！

第二部分 档案
对手的名号

你是怎么认识他的

列出他可能讨厌你的原因

在下面列出他最让人讨厌的特点

你把这种知识用在了……

正义？□　邪恶？□

你也可以试着完成以下的任务：
1 发现你性格的另一面 · 4 拥有一段曲折的过去 · 33 预判对手的下一步行动 ·
71 找出你的超级祖先 · 89 识破别人的谎言

做一把反派专用椅

　　拥有一把属于自己的专用椅就像是通往反派之路的一种仪式。这不光是个放屁股的地方，更是权力的象征。你要坐在这把椅子上构想出最邪恶的计划，坐在这把椅子上命令你的手下去帮你干所有的事情，还要坐在这把椅子上嘲笑你的对手。

权力之椅

　　★ 你会在商场里看到很多设计独特的椅子。但是既然已经认定了要一路成为一个邪恶大师，要想把事情干得更体面的话，还是应该自己做一把椅子。只要加入一点独特而邪恶的小设计，任何样式的椅子都会变得很反派。

　　★ 越大越好。这不光是为了让椅子坐着舒服（虽然如果能大到把脚也放在椅子上确实很舒服），关键是要看起来够牛。另外，大点儿的椅子也是你的一层保护壳，不是吗？

　　★ 椅子的具体样式需要匹配你对自己反派身份的设定。豹纹虽然很流行，不过可能不适合每个反派，除非你正好想当一个热带丛林里的邪恶首领，那倒是再适合不过了。黑色是永恒的经典，不过也不一定非得用黑色，关键是你得驾驭得住这把椅子，不能让椅子把你驾驭住了不是？还有，粉色绝对不行。

　　★ 看看手头有什么道具可以改装。一个用来隐藏武器的暗箱，或者是一个有很多按钮的控制板？也可以考虑装一个杯托放饮料，或者一个小抽屉放遥控器、假发，或者假身份证之类？一定记得把它们加进你的设计图里去。

还要有只猫：你是不是经常在反派的椅子上看见一只白猫？纯洁的白色搭配邪恶暗色的反差实在太赞了！不过也不一定非得找白色的猫，甚至不一定是一只猫。你可以选一个抱在怀里的萌宠，越萌越好。

做一把反派专用椅

如果你完成了这项任务，
可以在这里贴一颗"成就之星"并填写下面的表格。

☆
完成

—— 坐上去 ——

每个超级反派都应该有一把专属的椅子，既坐着舒服，又可以在里面安心地准备统治地球的计划。去找一把旧椅子，把它粉饰一番，并安装一些适合你这个邪恶天才的小道具吧。

技术参数

尺寸　　　　　　　　　　　　　颜色　　　　　材质
（厘米）　0 0 0 X 0 0 0 X 0 0 0

在下方勾选你的反派专用椅所包含的功能：

藏匿点　　秘密抽屉　　武器

□　　　　□　　　　□

在这里贴一张你坐在你的反派椅上的照片

秘密按钮　秘密陷阱　火箭发射按钮

□　　　　□　　　　□

轮子　　高度调节　　扶手调节

□　　　　□　　　　□

杯托　　文具盒　　一只萌宠

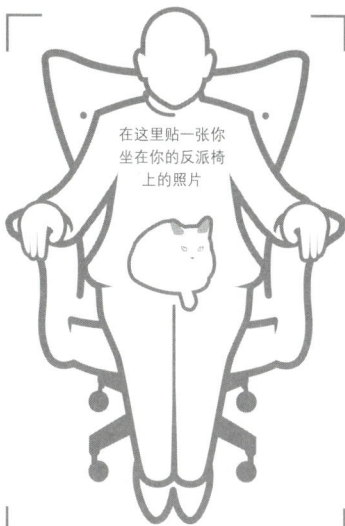

□　　　　□　　　　□

当你的椅子制作完成后，还可以考虑安装其他的部件。

其他家具……

超大号桌子　假书盒　鳄鱼池

□　　　□　　　□

文具……

超级锋利的转笔刀　邪恶召唤卡　笔尖有毒的钢笔

□　　　　　□　　　□

装饰……

捕蝇草　指示灯　超大的地球仪

□　　　□　　　□

如果你有萌宠，请描述它的样子

_____

你还为反派办公室做了哪些布置？

_____
_____

你把你的椅子用在了……

正义？
□

邪恶？
□

你也可以试着完成以下的任务：
11 扮恶人・23 统治世界的邪恶计划・37 训练你的超级宠物・79 设计你自己的小配件・97 眼观六路，耳听八方

预判对手的下一步行动

在那些宁静的日子里，阳光明媚，鸟儿鸣啭，天下一片太平。不过，不要再幻想忘掉你的超级英雄身份去和朋友们嬉戏了。越是太平的日子，就越是你的对手埋头苦干、制订计划、等着打败你的日子。所以如果你用心观察，一定会发现点儿什么。

将军！

★ 下棋是一种非常好的训练，因为如果想取胜，你就必须预判对方的下一步行动。他们的行动往往是基于你的行动做出的反应，所以你要在脑海中一步步向后推演，才能走出最明智的那步棋。永远不要让你的对手走出乎你意料之外的棋。

★ 如果你了解一个人的话，预测他的行动就容易得多了。给你所有的对手建立一份档案，每次发现了新的情况就记录上去。试着从中发现一些行为规律。

★ 当间谍是很危险的工作，不过回报往往十分丰厚。当然你首先要知道上哪儿找到你的对手（或者他们的同伙），然后耐心地跟踪，这样才能发现他们说了或者做了哪些邪恶勾当。你可以先练练跟踪你的助手，尤其是在节日或者你生日的前几天，试着了解他们打算给你买什么礼物（这可是非常隐蔽的秘密），你可以偷听、跟踪，或者找一些关键的证据（比如购物清单），而且要特别警惕与他们对话中流露出的线索。

我的"超级眼"……如果你的超能力还不太好用，那就在执行任务的时候带上一些间谍装备吧，比如小型的照相机（如果用手机，记住一定要调成静音）、剪了一个洞的报纸、一个用于窥探拐角的潜望镜，或者假身份证之类。

预判对手的下一步行动

如果你完成了这项任务，
可以在这里贴一颗"成就之星"并填写下面的表格。

☆
完成

踢踢看

点球大战的关键就是预判对手的行动，这是发球者和守门员之间的头脑大战。和你的对手来一场点球大战吧，每人轮流进行射门和守门，先射中五个球的人获胜。在射中的时候打钩，射失的时候打叉。

你的名号

① ② ③ ④ ⑤ ⑥ ⑦

对手的名号

① ② ③ ④ ⑤ ⑥ ⑦

将你射中的地方标注在球网对应的位置

守门员

复赛

你的名号

① ② ③ ④ ⑤ ⑥ ⑦

对手的名号

① ② ③ ④ ⑤ ⑥ ⑦

给你的射门技巧打分　总分 10

给你的守门技巧打分　总分 10

下盘棋

在点球大战之后，是时候动动你的脑子，通过下棋来测试你预判对手行动的能力了。下个三局，这样你就能有足够的时间研究对手的策略，希望你总能领先对方一步。

第一局 谁赢了？

用了多长
时间　0 0 时　0 0 分　0 0 秒

你吃掉了 0 0 个棋子　　对手吃掉了 0 0 个棋子

第二局 谁赢了？

用了多长
时间　0 0 时　0 0 分　0 0 秒

你吃掉了 0 0 个棋子　　对手吃掉了 0 0 个棋子

第三局 谁赢了？

用了多长
时间　0 0 时　0 0 分　0 0 秒

你吃掉了 0 0 个棋子　　对手吃掉了 0 0 个棋子

评估你的棋艺

☆ ☆ ☆
非常糟糕　糟糕　一般

☆ ☆ ☆
好　很好　完美

你把这项能力用在了……

正义？ □

邪恶？ □

你也可以试着完成以下的任务：
27 夜视能力 · 50 洞见未来 · 74 发现和破解线索 · 92 心灵感应 · 95 建立关系网 ·
97 眼观六路，耳听八方

超级嗅觉

是时候锻炼你的鼻腔和嗅觉细胞了。嗅觉灵敏的话，你就可以提前察觉到危险，并对其做出反应。

鼻子知道

★ 嗅觉到今天仍然是人体生物学中最神秘的部分之一。我们知道鼻黏膜上有超过一万个可以探测气味的细胞，这些细胞会把气味信号传送到大脑。但我们至今也不知道这是如何做到的。狗就更厉害了，它的鼻孔可以闻到超过一百万种气味。如果你想成为超级英雄，就得像狗一样厉害。

★ 让你的助手找一系列不同刺激性气味的东西，其中有味道很强的如调味料、熏肉、咖啡，还有味道适中的如苹果、铅笔屑、草等等。让他们把这些东西分别放进瓶子并把你的眼睛蒙起来。你不许偷看也不许摸它们，而是要试着通过气味分辨出来。

★ 现在，让你的助手把其中两到三种原料混合在一起，看看你能不能分辨出其中每一种气味。

★ 在五个塑料杯子底分别写上数字1到5，往每个杯子中倒入半杯水，再向1号杯子中加入一滴香水，2号杯子中加入两滴，以此类推。之后打乱这些杯子的顺序让你无法分清。现在你要依次闻杯子中香气的浓度，把它们按顺序排列起来，看看你的排列和杯底的数字是否一致。

地狱的味道：不只是东西有气味，人同样有不同的气味。找五个朋友，让他们给你一件穿过但还没洗的上衣。把你的眼睛蒙上，看看你能不能分辨这五件衣服的主人。注意别闻得太用力，免得窒息了。

超级嗅觉

如果你完成了这项任务，
可以在这里贴一颗"成就之星"并填写下面的表格。

☆
完成

闻闻看

测试你的嗅觉，让助手挑选五种气味不同的物品，看看你能不能蒙着眼睛，通过闻猜出是什么。在下方记录你的答案。

1	2	3	4	5
你的答案	你的答案	你的答案	你的答案	你的答案
答对了吗？是/否	答对了吗？是/否	答对了吗？是/否	答对了吗？是/否	答对了吗？是/否

你的怪味商店

这次让你的助手把两种物品混合在一起，看你能否把两者都正确识别出来。在下方记录你的答案。

1	2	3	4	5
气味一	气味一	气味一	气味一	气味一
气味二	气味二	气味二	气味二	气味二
你做得怎么样？ 总分2	你做得怎么样？ 总分2	你做得怎么样？ 总分2	你做得怎么样？ 总分2	你做得怎么样？ 总分2

你臭死了

你永远不知道一枚臭弹什么时候会派上用场。看看谁能搞到最臭的味道，能够忍受这种气味最长时间的人应该获得额外的荣誉，因为忍受臭弹攻击可能是非常重要的技能。

1	2
混合物名称	混合物名称
主要成分	主要成分

谁造出的气味最臭？

谁忍受的时间最长？

忍受了多长时间？

0 0 0 分 0 0 0 秒

你把这项能力用在了……
正义？
邪恶？

你也可以试着完成以下的任务：

5 超级视力 · 62 超级听力 · 89 识破别人的谎言

找机会帮助他人

　　超级英雄做好事可不能像在顶级餐厅里似的，高高在上，只追捕那些穷凶极恶的罪犯或超高智商的坏人。世界上有各种各样的坏事发生，要想成为一名合格的超级英雄，你就不能嫌弃那些看起来不那么有吸引力的挑战，这样才能在未来对付那些世界级的超级反派和他们带来的灾难。

服务至上

　　★ 随便上网一搜，就会找到数不清的坏消息。但是想要训练自己成为真正的超级英雄，你可能还是需要通过第一手的观察来发现机会。花一天去做个实地调查吧，看到任何人需要帮助就记录下来。同时要注意：他们遇到了什么困难（例如某人的健康、物品受到了损坏）；你能提供什么帮助，如果不能提供帮助，缺少的技能或资源是什么，如果是后者，你就有努力的空间了。

　　★ 如果有太多善行可做，该怎么决定先做哪样呢？给你的"困难"列表设计一套打分系统。生命是最宝贵的东西，所以挽救生命肯定是五星级重要；如果是挽救车轮下的三明治，重要性就低得多了；如果救三明治会让你和司机的生命遭受危险，就更要三思而行了。

　　★ 如果你感叹："这就是我今天的善行了吗？"那就把目标定得高一点儿。明天多做一件好事儿，后天多做两件好事儿，之后越做越多，直到做好事儿成为你的生活方式。

防患于未然：不要只盯着那些身处困境的人或动物，你还应当在坏事发生之前就发现并阻止。这不意味着变成一个偏执狂，时刻担心健康和安全问题，而是要注意分辨哪些迹象预示着危险的发生。

找机会帮助他人

如果你完成了这项任务，
可以在这里贴一颗"成就之星"并填写下面的表格。

完成

———— 干得漂亮！

如果你睁大眼睛就会发现每天都有很多做好事儿的机会。只不过你需要花些时间打磨作为超级英雄的感知力，才能时刻准备好帮助他人。不然，即便有再多需要帮助的人出现在你面前，你也会视而不见。

+100

水平 3
简直太赞了

花一周的时间监督自己的行为。每次对一个你认识的人做好事儿就给自己加5分，如果是对陌生人就加10分。如果你帮助他人躲过了潜在的生命危险，那得加50分。

+80

+60

水平 2
你很棒

反过来，如果你因为太忙或不想被打扰而忽视了某个需要帮助的人，就要扣5分。如果更糟糕，你让他人深陷困境，那就要扣10分。如果你让他人陷入危及生命的困境，扣50分！

+40

水平 1
不错

+20

一周结束之后，在表上标注最后的得分。如果低于零分，你就进入坏人那一堆，踏上了超级反派之路。你的目标是100分。

0

一周结束后你得了多少分？   0 | 0 | 0

-20

水平 -1
这可不好

你所做的最有价值的一件好事儿是

-40

水平 -2
简直邪恶

你所做的最轻松的好事儿是

-60

-80

说实话，你有没有忽视哪个需要你帮助的人？ 是/否

水平 -3
你是超级大
反派

如果有，是什么情况？为什么？

-100

有没有人帮助了你？ 是/否   如果有，你觉得他们算得上超级英雄吗？ 是/否

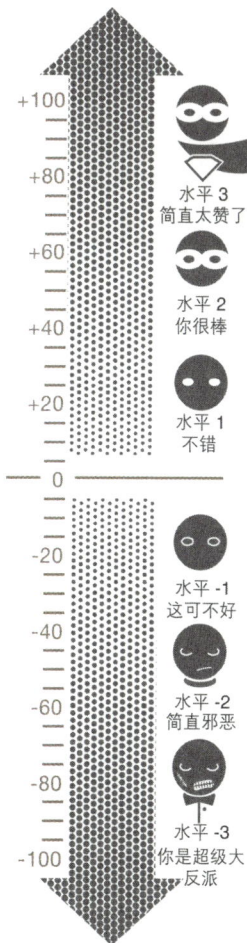

你也可以试着完成以下的任务：

19 知道你应该先救谁·36 分身·49 打磨你的道德感·63 观察技巧·97 眼观六路，耳听八方

此处

彼处

&各处！

分身

　　想要分身，你只能指望着有个双胞胎兄弟／姐妹，或者你愿意像克隆羊多莉那样成为基因工程师手下的人类小白鼠。如果都不，你就得机灵点儿，而且要学会隐蔽。更重要的是——找到属于自己的"幽灵"。

双重视野

　　★ 想想你在什么情况下最需要分身。可能是为了保护你作为普通人的身份，以便在日常生活中做一些重要的事，同时不耽误你拯救世界。也可能是为了帮助你一心多用，同时对两个紧急情况做出反应，不过那样就比较麻烦了。你需要一个不仅看起来、听起来和你一模一样，而且痛扁对手的方式也得和你一模一样的人才行。

　　★ 如果助手不行，你就得考虑其他朋友了。你身边有没有哪个人，只要化化妆或者戴上假发，就可以假扮成你？他们必须非常了解你，而且在扮成你的时候不会多管闲事地好奇你到底去干什么了。

　　★ 在熟悉的朋友中做个调查，问问他们你的习惯，既有招人喜欢的习惯，也有烦人的恶习，除此之外还有你的招牌动作和口头禅。有些东西你自己或许都没意识到呢。用这个调查作为你训练分身的基础吧。

　　★ 给那些备选的分身做个测试，从简单的开始，例如在电话中模仿你。如果他顺利完成，就可以试试难一点的，例如让他扮成你，同你朋友的家长打个招呼。

完美不在场证明：如果你是个隐藏着的超级反派，那么有一个分身简直是撇清嫌疑最好的方法了。如果你在案发当时正和朋友在店里试一双鞋，你又怎么可能在另外一个地方犯下滔天罪行呢？

分身

如果你完成了这项任务，
可以在这里贴一颗"成就之星"并填写下面的表格。

☆ 完成

你看到的是我吗？

如果你有一个双胞胎兄弟／姐妹，这个任务就太简单了。不然，你就得去找一个能够打扮得像你的人。他肯定需要一番彻底的化装，和你的一对一指导。

你挑选谁做你的替身？

在化装之后，在以下方面为他打分

外貌相似度 | 总分 10
声音相似度 | 总分 10

在化装之前他和你有多相像？ | 总分 10

痛扁技术相似度 | 总分 10
行为习惯相似度 | 总分 10

让你的替身去完成骗人的任务

你给他的任务是

在这里贴一张你的替身摆着同样姿势的照片

在这里贴一张你的照片

他骗到谁了吗？ | 是/否

如果是，他骗到了谁？

你的替身假扮你时你在做什么？

两张照片有多相像？ | 总分 10

边境管制

你其实可以同时身处两地——只要站在合适的位置就行。去你们省和邻省的交界，一只脚迈过去，然后，变！你成功了！用这种方法，你甚至可以同时去两个国家！

国家一／省一

边境线

国家二／省二

你把这项能力用在了……

正义？ □
邪恶？ □

你也可以试着完成以下的任务：
20 学会一心二用·29 解决不可能的问题·47 幻象大师·63 观察技巧·92 心灵感应·
97 眼观六路，耳听八方

坐　　　　　　站　　　　　　飞

训练你的超级宠物

　　都说狗是人类最好的朋友，那谁是超级英雄最好的朋友呢？这得你说了算。如果没有宠物，你可能就得领养一只流浪动物，或者偷偷向你的朋友借一只宠物。不过记住，要想把你的超级宠物训练好，你得先深入地了解它，同时也让它了解你。

坐！冲！杀！

　　★ 根据第二十二项任务的指导，多花点时间观察你的宠物。在你和宠物之间建立完全的信任是至关重要的。

　　★ 发现你的宠物的优势和弱点。它们有什么与生俱来的技能？又有什么可能会毁掉一场任务的性格缺陷？狗狗——至少是温顺的那些——一般都能独自成为超级英雄，看过《忠犬八公的故事》或《灵犬莱西》的人肯定都会同意。猫训练起来就更讲究技巧了，因为它们喜欢独自行事。仓鼠、鹦鹉和鱼可能看起来都有点弱，不过千万别忽视它们成为伟大间谍的潜质。

　　★ 给你的超级宠物列个任务表，并制订一个训练计划。其中可能包括：取东西、传递消息、嗅东西、吸引对手的注意力、进入你进不去的地方、吓唬别人（鱼可能有点难度）等等。不过别忘了，就算一项任务也没做好，还是要给它们鼓励和安慰。你还可以设计一些测试来帮助它们完成更复杂的任务，例如按按钮。给它们设计一些小道具也可能帮到忙哦。

宠物的名号：你的超级宠物可能不喜欢穿上炫酷的服装，这也可能妨碍它们的行动，或是完成间谍任务。不过为了队伍团结，你至少应该给它们起一个战友之间的称呼，并在秘密基地里给它们找个温暖的窝。

训练你的超级宠物

如果你完成了这项任务，
可以在这里贴一颗"成就之星"并填写下面的表格。

☆
完成

━━━━━ **宠物魔法** ━━━━━

写下你的超级宠物的名号

它是哪种动物？

为你对它的了解打个分 | 总分 10 | 为它对你的了解打个分 | 总分 10 | 为它的听话程度打个分 | 总分 10

你的超级宠物有什么特殊技能吗？ | 是/否 | 如果有，在下方贴上它表演这项技能时的照片，如果没有，就教它三项技能。

| 在这里贴一张照片 | 在这里贴一张照片 | 在这里贴一张照片 |
| 写下技能名称 | 写下技能名称 | 写下技能名称 |

━━━━━ **你的超级宠物能做到这些吗？** ━━━━━

取东西	是/否	按按钮	是/否	嗅觉比你灵敏	是/否	会飞	是/否
开门	是/否	递送秘密信件	是/否	视力比你好	是/否	会游泳	是/否
开窗	是/否	为你当间谍	是/否	听力比你强	是/否		
保护你免受攻击	是/否	警告你有危险	是/否	比你跑得快	是/否		

你把你的超级宠物用在了……

写下你的超级宠物的三个弱点

正义？ □

邪恶？ □

你的超级宠物是你最好的朋友吗？ | 是/否 | 它救过你吗？ | 是/否 | 给它的超能力打个分 | 总分 10

📖 **你也可以试着完成以下的任务：**
9 选择一个助手 · 10 潜行 · 22 和动物交流 · 63 观察技巧 · 79 设计你自己的小配件 ·
99 集结超级团队

需要帮助

你邪恶吗？坏到骨子里的那种？

憋着一肚子坏水，又想搞点新的破坏了？

那么你就是我们想要的……

快快申请

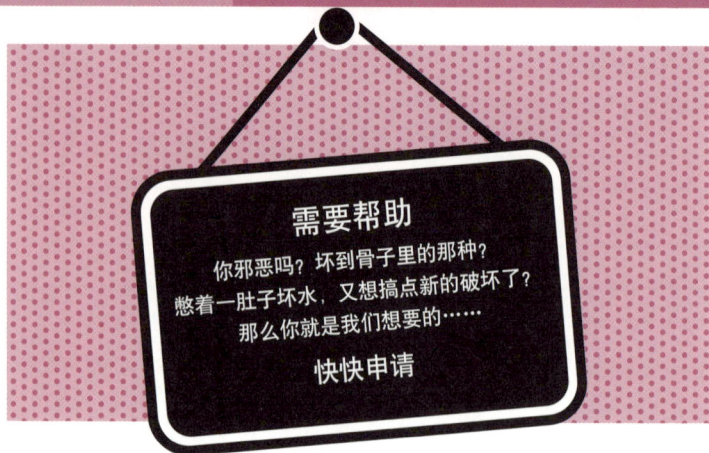

集结你的黑暗大军

任何统治世界和大规模破坏的计划都会涉及常见的肮脏勾当，作为超级反派的你显然不该亲自动手。不过想找到合适的心腹来完成你的罪行也并不容易。

下来，但不出来

★ 僵尸、变种人、飞天猴子、狼人——如果你想吓吓那些倒霉蛋，制造点混乱，它们再适合不过了。但是想管理好这些危险又不听话的生物并不容易。你可能需要使用一些黑魔法来控制它们，不然就得允许它们时不时地跑出来作恶了。

★ 无脑的恶棍很适合干些简单的暴力活动，而且很少问为什么。要想找更有技巧的手下，你得雇几名忍者。

★ 最高端的选择是机器人，但是很昂贵，想要拼凑起一支军队也要花些时间，搞不好人工智能还会获得独立的人格。外星人也是不错的选择，它们往往都会带来一些神奇的科技和独特的武器，但是外星人往往要求很高，你可能得和他们分享权力。

★ 有的时候你得找几个极度聪明的手下，不过得想办法让他们既开心又忙碌，免得他们想出什么歪主意。所以如果你需要电脑黑客或者科学家，找书呆子才安全，他们一般只想着完成你给的任务，而不会觊觎你的位置。

想要懂你不容易：如果要使用别的反派、不规矩的商人、坏警察，以及狡诈的政客，你得小心点。这些阴险角色往往会对你敞开大门，但恰恰是最不值得信任的。所以偶尔使用他们一下就好，给足酬金，但永远别让他们涉足你的核心计划。

集结你的黑暗大军

如果你完成了这项任务，
可以在这里贴一颗"成就之星"并填写下面的表格。

☆
完成

权力宝座

你希望在你的黑暗大军中招募什么样的人呢？考虑一下你所需要的不同种类的专业技能和最适合这一角色的人（或其他物种）。对于那些高级的助手，你还可以给他们起一个独特的名号（完全可以用电影中那些反派打手的名号）。你也可以给一个种族或团队命名，比如"僵尸战队"（最适合当炮灰），或者"忍者团"（适合特工小队）。尽情取名吧！

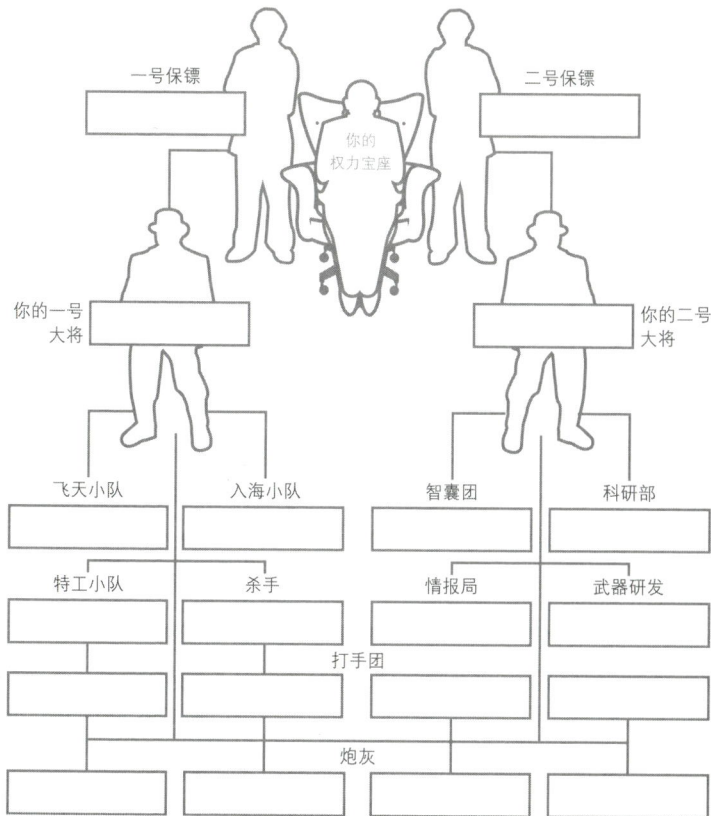

一号保镖

你的
权力宝座

二号保镖

你的一号
大将

你的二号
大将

飞天小队   入海小队   智囊团   科研部

特工小队   杀手   情报局   武器研发

打手团

炮灰

你也可以试着完成以下的任务：
22 和动物交流·23 统治世界的邪恶计划·47 幻象大师·69 功夫大师·94 与电脑对话·
100 卷土重来

速度

　　你是否有过这样的经历：站在人行道上，旁边的什么东西快速飞过，你感觉到一股强风，甚至快要把你吹倒。好吧，其实那和你作为超级英雄要达到的速度根本没法比。你得试着刮出龙卷风那么强的风暴。

"咻"地就跑了

　　★ 很显然，想提高速度，就要有规律地练习跑步——这可不是说在公园里慢跑，除非是为了过会儿的冲刺进行热身。不过说到热身，在高强度的训练之前通过热身和简单的拉伸让肌肉温暖起来倒是挺重要的，可以有效防止受伤。

　　★ 冲刺的时候，你需要把注意力放在手臂和腿上。尽量让身体放松——当然也不能放到软塌塌的程度，关键是不要让身体僵硬不灵活。下巴回收，目视前方，脚掌轻踏身体重心（臀部）的下方地面。怎样判断你的速度快到冲破音障？听听是否有巨大的爆炸声。

　　★ 说到身体的超凡技巧，一般的玩玩闹闹可没办法让你发挥出最佳水平。试试和朋友们比赛冲刺，让助手帮助计时，并记录一分钟内迈出的步数。这是准确记录你是否进步的唯一方法。

艰难之路：试试跑着上山吧，这比平地难很多，你需要把膝盖抬得更高，身体略微前倾。等再回到平地，你就会发现跑步是如此的轻松，这可以帮助你更快地从"蜗牛爬"进入"高速"行列。

速度

如果你完成了这项任务，
可以在这里贴一颗"成就之星"并填写下面的表格。

☆ 完成

—— 速度与激情 ——

从没有哪个超级英雄是慢吞吞的。试试你到底能跑多快。竞赛可以让你保持健康，同时让你发挥出最佳实力，快叫上你的朋友们一起来吧。

跑步 规定一个距离，
看看你和朋友们谁跑得快

距离
0 0 0 0 米 →

有几个人参与比赛？ 0 0

谁得了第一名？

你的时间 0 0 分 0 0 秒

游泳 规定一个距离，
看看你和朋友们谁游得快

距离
0 0 0 0 米 →

谁得了第一名？

你的时间

有几个人参与比赛？ 0 0

0 0 分 0 0 秒

骑车 规定一个距离，
看看你和朋友们谁骑得快

距离
0 0 0 0 米 →

有几个人参与比赛？ 0 0

谁得了第一名？

你的时间 0 0 分 0 0 秒

哪个是你最擅长的？

跑步 游泳 骑车

你可以把什么做得超快？

完成这个句子来描述你自己：我比……快。
（例如飞驰的子弹）

你把这项能力
用在了……

正义？ □

邪恶？ □

你也可以试着完成以下的任务：

6 耐力 · 36 分身 · 66 敏捷 · 76 制订逃跑计划 · 91 设计你的超级座驾

理解肢体语言

　　读懂他人的肢体动作会帮助你更好地理解其意图，尤其是你不确定对方是否在说实话时。同时，意识到肢体语言的力量就可以对自己的肢体语言善加利用，成为更强大的沟通大师。

无声的线索

　　★ 眼神交流、面部表情、动作幅度、姿势、手势、语调、强度甚至节奏——这些都是沟通方式的一部分，尽管我们通常不会有意识地去控制。你还能想到其他的方式吗？仔细观察别人说话，并发现那些暗示出他们内心想法的小线索。

　　★ 请你的助手在你和一个你喜欢的人、一个你不喜欢的人说话时各偷录一段视频（如果做不到"偷偷"，就编造一个学术研究的幌子好了）。之后关掉声音看这两段视频，试图捕捉其中没有用语言表达出来的信息。它们和语言上表达的信息一致吗？哪个更加真实？

　　★ 写出一系列描述一个人感受或者性格的词汇，例如"强大"、"饥饿"、"魂不守舍"等等。之后再写出一系列表示动作的词汇，例如"看报纸"、"吃饭"等等，并让你的助手也这么做。之后把这些词汇剪下并折起来，分别将感受和动作放进两个碗里。轮流从碗里拿出一个"动作"和一个"感受"，用上面所指示的感受表演出所指示的动作，但不能发出声音。另外一个人则通过你的肢体语言猜测纸片上的词汇或短语。

烟雾弹：理解肢体语言最大的用途就是在别人撒谎时看穿他们。除此之外，别忘了防御性的肢体语言（例如把双臂抱在胸前）可能意味着他们还有什么事情瞒着你。

理解肢体语言

如果你完成了这项任务,
可以在这里贴一颗"成就之星"并填写下面的表格。

☆
完成

——————————————————— 默剧 ———————————————————

1.挑一段喜剧或者肥皂剧的片段来看,一定要选完全没有看过的。看的过程中可能需要暂停和回放,你可以录下来或者在网上看。

2.一定要把声音关掉。先看四个场景,每看完一个就暂停,在下方的表格记录你从演员的肢体语言中获得了哪些信息。通过这些信息推断他们之间的关系、当前的情节或者正在讨论的话题是什么。

3.看完四个场景之后,在下方的空白处写下你对之后情节发展的预测。

4.倒到开头打开声音再看一遍。你对角色和情节的推测有多准确? 看看表格上你的答案,给自己打个分,你猜出接下来会发生什么了吗?

场景	肢体语言	关系	情节
1	总分 10	总分 10	总分 10
2	总分 10	总分 10	总分 10
3	总分 10	总分 10	总分 10
4	总分 10	总分 10	总分 10

基于看过的四个场景,你认为接下来会发生什么?

你把这项能力
用在了……

你的预测
准确吗? 是/否

正义? □

邪恶? □

如果你没能猜出情节,可能是因为……

肢体语言太
细微? 是/否

表演太糟糕? 是/否

你的水平不行? 是/否

你也可以试着完成以下的任务:
12 大脑控制术・72 说上百种语言・74 发现和破解线索・89 识破别人的谎言・
92 心灵感应・93 提高你的说服力

变成科学天才

科学和超能力之间总有一种说不清的神奇关系。两者都有强大的能力去创造、转换、甚至毁灭。所以快穿上一件白大褂，带上你的小白鼠（助手可以帮你搞定），开始实验吧。

搞点科幻

★ 如果想突破光速、时间旅行或者克隆一件物品（比如你自己），你得学点物理。可以先从基本的开始，比如造个火箭（右页有指南）。成功之后，你就可以试着造一个不用气球的火箭了。

★ 你还应该学点生物学，看看大自然中的天才们是如何逃生的，或许也能给你启发。蜘蛛侠的超能力和道具就是模拟蜘蛛产生的。选择一种拥有许多技能的动物，好好研究一下它们是怎么做到的。试着设计并亲手制造一些道具来帮助你获得这些技能。

★ 化学则可以帮助你理解物质是如何构成并相互反应的。你不需要炫酷的实验室就可以开始你的研究，一个厨房就够了，用水、盐、醋或糖试看。假如你对超低温（冷冻）技术感兴趣，可以试着用小苏打做一根"冰柱"（看看右页的指南）。

★ 无论做什么样的实验来进行你的超级英雄研究，一定要非常小心，并做好一切安全防护。我们都知道对科学走火入魔*会变成什么样。

---

*科学走火入魔：可能你的目标是成为下一个章鱼博士，那样你就可以开开心心地跳进一大堆放射性物质或者一大桶化学药剂里了。不过那样的话，就和你这张帅气的小脸蛋说再见吧。

变成科学天才

如果你完成了这项任务，
可以在这里贴一颗"成就之星"并填写下面的表格。

完成

─────── **高科技** ───────

需要准备：一个长形的气球、一根长线、一根吸管、一卷胶带、一个晾衣夹

如何做：把线的一端绑在一个固定的物体上（例如椅子、桌腿或树），将线穿过吸管。之后把线拉直，另一端绑在其他高度相同的固定物体上，让绳子保持水平。

把气球吹得越大越好，但不要吹破了，开口处不要打结，而是用晾衣夹夹住。如果没办法夹紧，就先用手指按住吧。

用胶带把气球粘在吸管上（如图所示），然后把气球拉到线的一端，让气球的头对着线的另一端。好啦，各就各位……预备……放！

你的线有多长？   0 | 0 米

你的气球飞到另一端了吗？   是/否

推动气球向前的力是什么力？把字母调换回正确的顺序。   **HURTST**   THRUST（推力）

试试看能不能调整你的气球火箭，让它跑得更远，你做到了吗？   是/否

如果做到了，你进行了哪些调整？

吸管的长度 / 类型 是/否   气球的形状 / 大小 是/否

线的长度 / 类型 是/否   线的高度 / 角度 是/否

描述你所做的调整

─────── **结晶** ───────

需要准备：小苏打、温水、两个杯子、两个曲别针、一根线、一个小盘子

如何做：往两个杯子分别倒三分之二的温水，再倒入小苏打，搅拌，让小苏打充分溶解，继续加入更多小苏打，直至无法再溶解。将曲别针分别夹在线的两端并沉入水中，让线在两个杯子中间悬空（如图所示）。

将小盘子放在线的下方静置几天。当绳子逐渐吸满了溶液，一块晶体就会慢慢从线上长出来了。

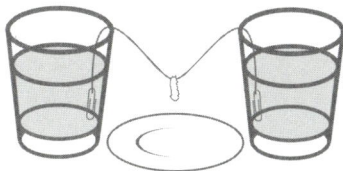

你把这项能力用在了……

正义？ □   邪恶？ □

你的实验成功了吗？ 是/否   如果成功了，晶体有多长？ 0 | 0 厘米

───────────────

你也可以试着完成以下的任务：
3 学会飞·29 解决不可能的问题·55 破解密码·64 时间旅行·77 X光透视·79 设计你自己的小配件·94 与电脑对话

你的标志性动作

　　超级英雄不光要干得漂亮，还得看起来很酷。要是哪个幸运的记者罕见地拍到了一张你的照片，它肯定会迅速占据所有报纸的头版头条，所以你肯定希望给大家留个好印象不是？想想你所代表的是什么？你的标志性动作得展示出自己的特点，激起大家的敬畏，并让你的对手们看到就腿软。记住，你就是自己的商标。

来吧，时尚

　　★ 你最牛最牛的超能力是什么？你更想让大家了解自己的身体技能还是超强大脑？你的性格是大胆又自来熟，还是深沉而忧郁？你的标志性动作得包含这些特点——当然，也可以通过你的着装和名号来搭配。总之，你的动作得和你搭调，而且只和你搭调。

　　★ 这不是炫耀华丽动作的时候——如果你能像鱼一样自如地游泳，就不要故意吹泡泡；如果你速度快，不一定要摆个跑步的姿势——想象你就是速度本身。你得激励，而不是逗乐大家。试着设计一个既有力又优雅的动作。

　　★ 你最帅气的特点是什么？你肯定想最大程度地展示出来。如果你有一双迷人的眼睛，或许可以用手或胳膊的动作把大家的注意力吸引到眼睛上来。别太脑瞍，不是只有健美先生才有资格展示自己，大肚腩同样可以是致命的武器。最重要的就是你看起来绝对自信。

摆好pose： 你已经站好了，胳膊腿也都摆好了——可别忘了表情啊。如果表情跟痴呆似的，摆成超强大脑的科学家或者功夫大师还有什么用！如果你觉得表情不够丰富，试试动动眉毛吧。

你的标志性动作

如果你完成了这项任务，
可以在这里贴一颗"成就之星"并填写下面的表格。

☆
完成

超级POSE王

试着摆几个不同的姿势，穿上你的超级英雄服装照张相，把你帅气的照片贴在下面。记住
要把最帅的那张贴在正中间哦。

贴上一张照片
或者画下你的
标志性动作

这个姿势的名字

贴上一张照片
或者画下你的
标志性动作

这个姿势的名字

贴上一张照片
或者画下你的
标志性动作

这个姿势的名字

贴上一张照片
或者画下你的
标志性动作

这个姿势的名字

把你最喜欢的
标志性动作
贴在这里

这个姿势的名字

贴上一张照片
或者画下你的
标志性动作

这个姿势的名字

你最棒的特点是什么？

你最强的超能力是什么？

你的标志性动作能体 | 是/否
现这些特点吗？

让你的助手评价你的标志性动作，并用三
个词进行描述

你达到想要的效果 | 是/否
了吗？

如果没有，
继续努力吧！

你把这项能力
用在了……

正义？ □　邪恶？ □

你也可以试着完成以下的任务：
1 发现你性格的另一面・2 给自己起个名号・9 选择一个助手・17 选择你的着装・28 平衡・
46 选择一个使命・99 集结超级团队

隐形

　　科学家已经潜心研制隐形斗篷好多年了，但在这项技术最终成功之前，你可能还是得依靠自己的聪明智慧。隐形将会给你巨大的战略优势，可以帮助你跟踪对手，或者悄悄侵入，让他们在看到你之前直接缴械投降。

你看得见我，你看不见我

　　★ 隐形不只是让你"噗"的一声消失了，关键是让你难以被对方看到或听到，使自己与周围的环境融为一体，变得难以察觉。这意味着就算你在别人眼前，他也注意不到你。要做到这一点，首先要观察周围的环境，看看该怎么与其融为一体。

　　★ 有很多方法来隐藏自己。穿一身迷彩是最直接的一种。笼统地说，在乡间田野穿绿色或棕色，在夜里穿深蓝或深灰色（而不是黑色），而在城市里则穿蓝色或灰色。同时注意移动要流畅，不要突然停顿或做不寻常的动作。

　　★ 你还可以利用周遭环境中的自然元素来掩护自己。如果没办法把整个身体掩盖起来，就要试着让自己的身体和环境混合在一起。你可以摆出和周围环境一样的姿势，在走动时则要尽量找到障碍物或者阴影。此外，你还得练练在这些掩护之间灵活地奔跑、下蹲、打滚，甚至匍匐前进。

　　★ 练习在不同的环境中隐藏自己。找到朋友或家人可能会去的地方，偷偷跟过去。你的任务就是跟踪他们一小时不被发现。

科学方法：目前最有前景的隐形斗篷技术正在研发一种特殊物质，能够将照在它上面的光波进行弯曲（就像水从石头上流泻下来），从而欺骗对手，让他们觉得那里什么都没有。

隐形

如果你完成了这项任务，
可以在这里贴一颗"成就之星"并填写下面的表格。

☆
完成

快乐跟踪

通过偷偷、悄悄、秘密地跟踪你的助手，来测试隐形的能力吧。在下方的地图中记录开始跟踪的时间和地点，以及结束跟踪的时间和地点。同时在那条路径上标注他曾经停下来的标志性地点。

你因何停止了跟踪？

☐ 我被发现了　☐ 我有别的事要做

☐ 我把他跟丢了　☐ 他到达目的地了

你跟踪了他多长时间？

☐0 0☐ 时 ☐0 0☐ 分 ☐0 0☐ 秒

你一直是步行吗？ ☐是/否

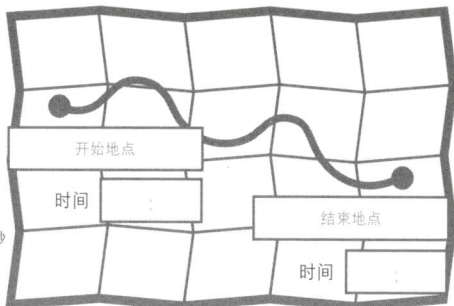

如果不是，你还用到了哪些交通工具？

自行车　公交车　汽车　火车　飞机　船
☐　　☐　　☐　　☐　　☐　　☐

其他（请说明）
☐　　请说明你的助手是不是行迹很可疑？ ☐是/否

如果是，他去做什么了？ ☐

有没有人发现你形迹可疑？ ☐是/否

如果有，这有没有给你造成麻烦？ ☐是/否

你使用了周围的什么东西来隐蔽自己？

树　灌木　人群　门　垃圾桶　墙
☐　☐　☐　☐　☐　☐

其他（请说明）
☐

开始地点
时间
结束地点
时间

在下方画出你穿的迷彩衣

评估你的隐形能力

☆ 非常糟糕　☆ 糟糕

☆ 好　☆ 非常好

☆ 完美　☆ 不是一般人

你把这项能力用在了……

正义？ ☐
邪恶？ ☐

你也可以试着完成以下的任务：
10 潜行·17 选择你的着装·28 平衡·39 速度·47 幻象大师·60 拯救世界：对抗不死族·66 敏捷·85 变身术

永不言弃

如果你的对手过来跟你说："哎，小蠢蛋（或者其他外号），你永远也抓不住我！"你可不能耸耸肩说："好吧，那我回家了。"你得相信自己一定能抓住他们。而且你要让他们记住，只要他们回头，你永远会在后面抓他们。

专注目标

★ 你是不是也曾觉得自己执行一项任务或玩一个游戏注定要失败，简直毫无意义，所以扭头离开？如果回忆到三个这样的场景，承认吧，你就是个大输家。不过亡羊补牢，为时未晚。现在回过头来完成那些挑战还不算太迟。

★ 你可以通过戒掉一系列坏习惯来反复考验意志力，比如咬指甲，或者脱下来的衣服到处乱扔等等。你也可以做一些对你有好处但是特别无聊的事情，比如每天锻炼身体、整理房间、弹音阶或者背乘法表，连续坚持一周来锻炼意志力。

★ 有没有什么你很希望自己能擅长的事情，但是感觉缺乏天赋？现在就是最好的时候去磨砺头脑、身体和精神来获得这项技能，并了解自己的主观能动性是多么强。你要保持积极的心态，制订清晰切实的计划（比如通过一项考试或完成一个课程），坚持下去。你的努力一定不会白费。

★ 别停下来。参加一些比赛，变成全校、全市、全国，甚至全世界最棒的人。这可能是条漫长的路，但是在你把那座奖杯捧在手里之前（不管是诺贝尔、奥斯卡还是格莱美什么的），不要停下来！

听丘吉尔爷爷的话："永不妥协，永不妥协，永不、永不、永不……"对自己狠一点，这是所有超级英雄和大反派的共性。这可能也正是他们永远都在争斗，永远分不出胜负的原因吧。

永不言弃

如果你完成了这项任务，
可以在这里贴一颗"成就之星"并填写下面的表格。

☆
完成

完胜

选一个你不擅长但是很想学好的科目或者技能，让自己试着成为这方面的世界冠军。用下方的表格记录自己十周之内的进步——不到最高的那条线不许停下来（有时候你可能得把单位从"星期"改成"年"）。

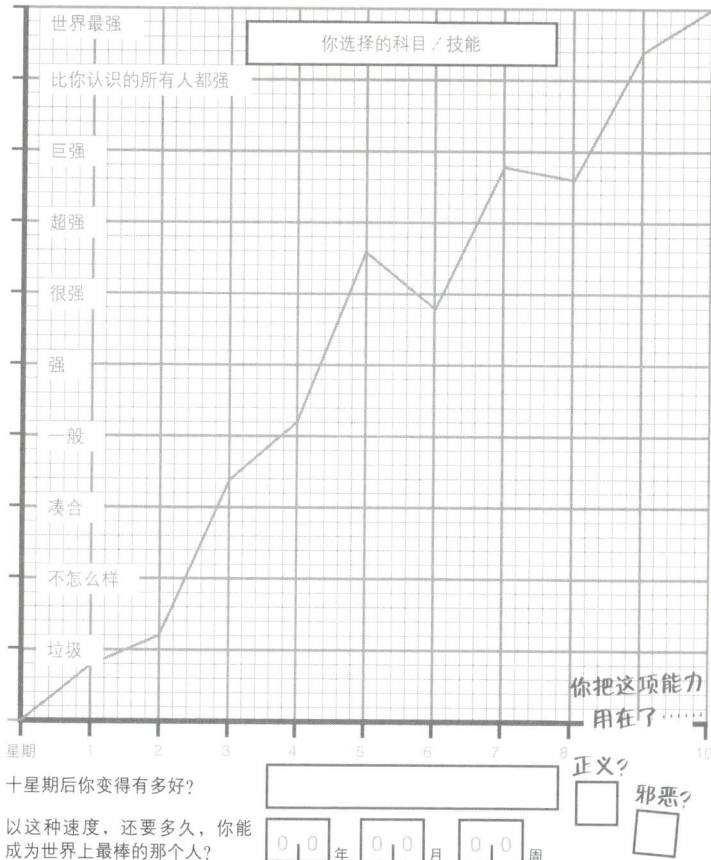

世界最强	你选择的科目／技能
比你认识的所有人都强	
巨强	
超强	
很强	
强	
一般	
凑合	
不怎么样	
垃圾	

星期　1　2　3　4　5　6　7　8　9　10

你把这项能力用在了……

十星期后你变得有多好？ □

正义？ □

邪恶？ □

以这种速度，还要多久，你能成为世界上最棒的那个人？　□□年　□□月　□□周

你也可以试着完成以下的任务：
6 耐力・13 克服你的恐惧・26 了解你的弱点・53 冷酷无情・70 应对压力・84 拒绝诱惑・100 卷土重来

拯救世界：对抗恐怖怪兽

你永远都不知道像哥斯拉那样的巨大恐龙什么时候会从海底钻出来，或者在某个实验室里，科学家不小心给蜘蛛注射了生长荷尔蒙，进化出一种巨型蜘蛛什么的。所以你要时刻做好最坏的准备。

巨兽也是萌宠

★ 在对付一个怪兽之前，你要观察它攻击和防守的方式，并试图找出它的弱点。假如它只有一身的触角，那么它的行动范围和处理多种任务的能力就很成问题。如果它只有一只眼睛，那么干掉这只眼睛就是制服它的第一步，之后这个可怕的怪兽就和小猫咪差不多了。此外，巨型的怪物往往迟钝又缓慢，因此，你可以依靠速度与敏捷战胜它。

★ 训练自己应付这种战斗的理想方法就是模拟一个怪兽。尽可能地按照它的大小设计一套服装让你的助手穿上。在你设计的时候，要注意怪兽身上的那些弱点，并考虑清楚怎样才能充分利用对方的弱点进行攻击。不用花太多时间设计一套很逼真的怪兽服装——不然你练习的时候如果忘了那不是真正的怪兽而把助手弄伤，就不好玩了。而且你很有可能会把这套服装打烂，你肯定不愿意花好几个小时的时间设计，最后却剩下一地的硬纸板和触角。

小家伙： 别被对手的体形欺骗了。很多致命的怪物体形都是非常小的。从杀人蜂到小鬼魂，这些都是团队作战的生物。你需要当心它们的速度、隐蔽性、剃刀般锋利的牙齿、致命的剧毒和骇人的数量。

拯救世界：对抗恐怖怪兽

如果你完成了这项任务，
可以在这里贴一颗"成就之星"并填写下面的表格。

☆
完成

机密文件

恐怖怪兽
了解你的对手

把你能想象到的最恐怖的怪兽画下来，并且想想该怎么对付。如果你从精神上、身体上和策略上都已经做好了最坏的准备，就能对付出现在你眼前的所有怪兽了。

把出现在你噩梦中的最可怕
的怪兽画下来

怪兽的优势

怪兽的弱点

你需要一个行动计划。你
会……

	详细说明你打算如何执行计划
设置一个陷阱，步步诱敌深入？ 是/否	
让它最致命的武器失效？ 是/否	
试着驯服它？ 是/否	
试着给它下毒？ 是/否	
叫军队支援？ 是/否	
希望它们自相残杀？ 是/否	

你把这个信息
用在了……

正义？ □

邪恶？ □

你也可以试着完成以下的任务：

13 克服你的恐惧·14 力量·22 和动物交流·33 预判对手的下一步行动·39 速度·
63 观察技巧·73 造一个力场

选择一个使命

许多场合都是正义与邪恶这一伟大斗争的前线。如果你想把所有种类、所有地方的邪恶全部扫除，我只能说你很傻很天真。别贪多嚼不烂，不然到最后一件事也没办法做好。只要对了地方，你可以轻易找到很多犯罪大师，至于其他的地方，就交给别的超级英雄处理吧。

带着使命战斗

★ 根据你的特殊技能（前提是你得有），想想你最擅长打击哪一类的对手。比如你最擅长的科目是什么？如果你擅长数学，那么世界上的那些金融诈骗犯就归你了。

★ 你最关心的事件是什么？你得找到一个能够唤起激情，而不是让你掉脑袋的使命。个人之间的仇杀是最危险的勾当。如果复仇是你的主要目的，我建议——君子报仇十年不晚。

★ 一旦下定了决心，就可以想一句口号来阐明目标，这样谁也不会怀疑你的正义使命了。假如想要保护地球免于外星人的入侵，你的口号可能是："别和陌生人说话，尤其是绿色的"、"清理天空的雾霾"，或者"一个脑袋好，三个脑袋坏"。

★ 最后，你要让别人知道你的使命，这样在你负责的领域遭遇危险时，他们就知道该联系你了。

🚫 **小众目标**：尽量不要选择太小众的目标，比如消灭所有六趾又对眼的摩尔多瓦大坏蛋；或者过时的目标，比如挽救渡渡鸟。那样的话你就会发现没什么事可做，或者根本就是在浪费时间。

选择一个使命

如果你完成了这项任务，
可以在这里贴一颗"成就之星"并填写下面的表格。

☆
完成

—— 因果关系 ——

宣言通常是一个组织或党派为了表明其愿景、目标和动机所做出的公开声明。既然你要开始自己的正义（或邪恶）的行动，就应该有一份宣言，这样所有人（包括你自己）就能清楚你所代表的是什么。

（你的超级英雄名号）**的宣言**

声明：我对于一个和平与秩序的／暴动与混乱的／由我统治的世界＊有着这样的愿景。（＊删去不适用的）

我的行动将着重以下方面

压迫 ☐	腐败 ☐
自然灾害 ☐	战争 ☐
饥饿与疾病 ☐	犯罪 ☐

其他（请说明）

我的首要目标是

我将通过我所拥有的以下资源／技能实现这些目标

我内心的动力源自于

对人类的尊重 ☐		对人类的蔑视 ☐	
对正义的渴望 ☐		对权力／金钱的欲望 ☐	
复仇的欲望 ☐		疯狂 ☐	

其他（请说明）

行动口号

这项使命是为了……

正义？ ☐

邪恶？ ☐

你也可以试着完成以下的任务：
30 拯救世界：对抗外星人袭击·31 找出你的对手·49 打磨你的道德感·75 拯救世界：免于环境灾难

幻象大师

如果你能让一个人把假的东西当成真的，你就能左右他的行为，直到哪天这个把戏被揭穿。如果你让对手相信他已经被包围了，那么他可能就直接缴械投降。

制造假象

★ 有些幻象只是一些高超的手法，例如让一些小物件消失，再变回来。你可以先练练把硬币放在手掌中，玩一把"法式藏币"（你能在网上找到教程），对着镜子多加练习。在给别人表演之前，一定要磨炼好技巧。

★ 魔术大师胡迪尼可以让一只大象消失。显然，这种幻象不仅仅在于手法，幻象大师往往需要专门设计的道具。你也可以试试，看能不能设计一种能让物品消失，或者变成其他物品的道具。这样的道具用来储藏你的秘密物品再适合不过了。

★ 大规模的幻象需要精心计划和彩排，往往要先通过小的模型进行演练。你可以试着用有机玻璃板、黑布和一支手电让一件物品像幽灵一样飘在空气中（见右页）。这个魔术叫作"佩珀尔幻象"，早在十九世纪就被发明，用来吓唬剧场里的观众们。

★ 并不是所有的幻象都是和光影有关的。学会"隔空传音"可以让别人以为你在另外一个地方；如果你能准确地模仿声音，就可以以假乱真。

技巧性魔术：政府在遇到麻烦时也会找幻象大师帮忙。大魔术师马斯基林曾经在第二次世界大战期间设计多种方法帮助军队掩藏坦克、工厂甚至城市；罗伯特·乌丹则通过神奇的魔术平定了当时的法国殖民地——阿尔及利亚的一次叛乱。

幻象大师

如果你完成了这项任务，
可以在这里贴一颗"成就之星"并填写下面的表格。

完成

佩珀尔幻象

需要准备：一块有机玻璃板、一个用于投影的东西（最好是浅色的，因为可以反射更多的光）、一支手电、一块黑布

如何做

1. 用那块黑布做背景（可以贴在墙上或者蒙在一摞书上）。把你的物品摆在黑色背景布前面，确保物品下方也垫着背景布。

2. 把透明塑料板放在你想让幻象出现的位置，距离物品一定的距离。

3. 把灯关上，并用手电照亮你的物品。物品的像是不是投影到塑料板上了？你可能需要调整塑料板的位置，以便让幻象出现在理想位置。

4. 找到观看幻象的最佳位置，让幻象恰好清晰，但塑料板（还有你的物品和手电）看起来又不是很明显。这是幻象能否成功的关键，所以花点时间做调整。最后，想办法诱导某个倒霉蛋走到那个位置吧。

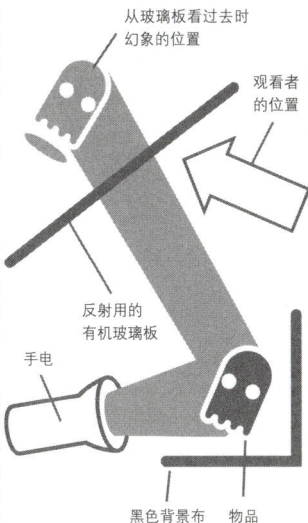

从玻璃板看过去时
幻象的位置

观看者
的位置

反射用的
有机玻璃板

手电

黑色背景布　物品

你使用了什么物品？

你的装置吓到 /
骗到谁了吗？
如果有，是谁？

是/否

你的幻象效果如何？

☆　☆　☆
特别糟糕　糟糕　还不错

☆　☆　☆
可圈可点　很好　超赞

傻傻分不清楚

如果想用这种方法制造一个真人大小的幻象，就得找一块巨大的有机玻璃板。不过你还是可以用你的鬼影吓吓对手。只需要把你的头摆在物品的位置就可以了——嗯，就是这样。一个没了身体的头飘在空中足够把最硬的硬汉吓一哆嗦。你还可以抹点化妆品，把脸涂得很白，那样就完美了——不过记住要穿黑色的衣服，这样身体的反光才不会出现在玻璃板上。

你把这项能力
用在了……

正义？

邪恶？

你也可以试着完成以下的任务：
20 学会一心二用·21 灵活·29 解决不可能的问题·36 分身·43 隐形·52 心灵遥感·85 变身术

看……天上……

选择你的标志物

如果没人知道那些聪明又邪恶的勾当就是你干的，那么，那些精巧的设计和充满想象力的表演技巧就没有意义了啊。当然，就算没有权力和物质上的奖励，有时候干坏事本身也已经够吸引人了。不过既然干了，不妨让别人对你增加一点尊重……和恐惧。

就是我干的！

★ 为了确保别人知道"就是他干的"，你得在犯罪现场留下一些标志性的痕迹，比如一张扑克牌，或者一个折纸小动物，表明这一切绚丽的破坏就是你这个犯罪大师的杰作。或者你应该拥有一张独特的名片，来彰显超级反派的身份？假如你是个迅猛冷酷而又浪漫的反派，不妨在标志物上印一枝黑色的玫瑰，别忘了加上几根充满诱惑的刺。

★ 发挥你的想象力。不一定非要留下什么具体的东西。你完全可以在犯罪现场播放你的标志性曲调，或者在墙上用红色颜料喷上你的专属标记。

★ 如果你是智慧型反派，一串加密的线索简直再适合不过了。可以是一本书，书名正好暗示了你的犯罪过程，或者封面上有一个轻蔑的笑容，嘲笑那些愚蠢的警察。如果你绑架了某人，可以直接留下一本《贵妇失踪记》之类的书。

★ 记住千万不要在标志物上留下指纹和任何DNA的证据。虽然你想让大家知道是你干的，但肯定不想让他们发现你的真实身份，不然那可能就是你邪恶生涯的谢幕演出了。

小心盗版者：有些山寨粉丝们可能会留下你的盗版名片，以便撇清自己的嫌疑。你肯定不希望他们拙劣的把戏被归罪到你的头上。所以你得把自己的名片做得精致一些，让侦探们一眼就能分辨出真假。

选择你的标志物

如果你完成了这项任务，
可以在这里贴一颗"成就之星"并填写下面的表格。

☆
完成

给我们一个线索

或许你太自大，忍不住要让那些做好事的对手们知道这些恶行是谁干的。看看下面这些想法，想想哪样最适合当作你的标志物。

| 服装类物品 | 乐曲的名字 | 你随机挑选的物品 |

为什么选择它？

为什么选择它？

为什么选择它？

电影的名字

书的名字

这些物品中哪个最容易把你和犯罪联系起来？

你最喜欢的标志物是哪个？

为什么选这部电影？

为什么选这本书？

你还可以考虑留下……
★ 一个谜语
★ 一张照片
★ 几句诗
★ 一张画
★ 一块拼图
★ 一张名片

你也可以试着完成以下的任务：
2 给自己起个名号·7 破解晦涩谜语·11 扮恶人·23 统治世界的邪恶计划·59 冒险

打磨你的道德感

生活不是非黑即白的，其中有很多灰色地带。如果你觉得能分清一切善与恶，那就太天真了。如果你想为正义和真理战斗，就得清楚地知道何为"正义"，何为"真理"，以及"战斗"的意义。你打算战斗到何种程度？法理和情理哪个才是最重要的？想要准确地做出这些道德判断就必须客观理性地思考。这并不像看起来那么容易。

错+错=不对

★ 听听内心的声音：那是你与生俱来的道德准绳。除非你从小就生活在完全没有道德可言的环境中，否则，如果你伤害了别人，内心一定会感到一丝愧疚。考虑清楚你和他人的行为会产生怎样的后果，其中包括直接后果，也有间接后果。

★ 同情他人。在指责他人之前，确定你已站在他人的角度考虑过对方之所以这样做的原因。

★ 试着从不同的道德观点去理解。阅读一些宗教和哲学典籍，试着找出全世界通行的道德标准。

★ 熟悉法律，理解什么是法律意义上的"犯错"。这个话题复杂得可怕，所以试着去理解一些基本的就好——不需要费神去了解每一条法规中的细节。倒是可以学习一些普通民事犯罪的相关法律，之后你可以走上街，看看在一天之内能发现多少不合法的行为，以此来测试你的道德雷达是否敏锐。当然，一旦成为了真正的超级英雄，就不用再操心这些小打小闹啦。

把坏人也服务好：作为一个超级英雄，你要永远做正确的事，甚至在你的对手面前，别让他们把你引入失控的愤怒之中，让你对坏人实施过分的惩罚。超级英雄要做的只是阻止坏事发生，而不是惩罚所有的恶行，或让所有的坏人改邪归正。

打磨你的道德感

如果你完成了这项任务，
可以在这里贴一颗"成就之星"并填写下面的表格。

☆
完成

不道德

每天都有人在你的眼皮底下违法犯罪，比如乱丢垃圾、乱停车，这些可能不会危及生命，但仍然是违法行为。复习你所知道的法律，上街看看你能在一天内发现多少违法事件。

	事件发生的 日期和时间	简要描述违法者和违法行为	如果你采取了行动， 是什么
事件一	：　上午／下午		
事件二	：　上午／下午		
事件三	：　上午／下午		
事件四	：　上午／下午		
事件五	：　上午／下午		
事件六	：　上午／下午		

> 你也可以试着完成以下的任务：
> 8 文明地教训别人 · 40 理解肢体语言 · 81 迅速做出正确的决定 · 88 掌握各种专业知识 ·
> 89 识破别人的谎言

洞见未来

　　和心灵感应一样，洞见未来也是一种神奇的超感能力，既有可能带来福音，也有可能招致诅咒。你要记住的是：未来不是岿然不变的，你可以改变自己的命运。而且作为了解未来的超级英雄，你天生就有改变他人命运的神奇能力。

就我所看到的情况……

　　★ 如果你对一些场景有似曾相识的感觉，那很有可能是潜意识唤起了一些过往的信息——可能是你以前所洞见到的未来，它的根源则可能是一次梦境。历史上有很多人都在梦中洞见到未来，所以你可以试着记录梦境。想要回忆起梦，在上床的时候就告诉自己：要从梦中完全地醒来，并且记住这个梦。这会像闹钟一样提醒你。你也可以真的定一个闹钟，让它每隔九十分钟就响一次，那很有可能正是你进入快速眼动睡眠（容易做梦）的阶段。当你醒来的时候，保持那个姿势，努力回想刚刚经历的梦境，别让其他的琐事分散注意力。

　　★ 你还可以在不同的纸上记录对未来的各种判断——关于明天、下周、下个月甚至半年以后，以此类推，直到五年后。预测一件你在生活中可能会经历的事件，还有全世界可能会经历的重大事件。之后把它们装进信封，不到事件发生的那一天不能打开哦。

命运的语言：占卜师总喜欢预言一些灾难，例如瘟疫、干旱、战争和洪水，这对于超级英雄来说倒也是不错的技能。甚至曾经有人声称自己预见到了伦敦大火、拿破仑和希特勒崛起这样的事。

洞见未来

如果你完成了这项任务，
可以在这里贴一颗"成就之星"并填写下面的表格。

完成

—— **未来，就在今天……** ——

预言并不难，预言正确才难。你不只是在推断未来可能发生的事，而是要清楚地看到未来的样子。这就需要集中注意力冥想。闭上眼睛，看看藏在未来手中的秘密是什么。记录你的预测和它们的准确性。

明天

我预测在 ⬜⬜⬜⬜⬜ ⬜ ： ⬜

⬜⬜⬜⬜⬜⬜⬜⬜⬜

给你的准确性从1到5打个分
（0=不靠谱，5=准确命中）　得分 ⬜/5

你猜对了哪一部分？

⬜⬜⬜⬜⬜⬜

下周

我预测在 ⬜⬜⬜⬜⬜ ⬜ ： ⬜

⬜⬜⬜⬜⬜⬜⬜⬜⬜

给你的准确性从1到5打个分
（0=不靠谱，5=准确命中）　得分 ⬜/5

你猜对了哪一部分？

⬜⬜⬜⬜⬜⬜

下个月

我预测在 ⬜⬜⬜⬜⬜ ⬜ ： ⬜

⬜⬜⬜⬜⬜⬜⬜⬜⬜

给你的准确性从1到5打个分
（0=不靠谱，5=准确命中）　得分 ⬜/5

你猜对了哪一部分？

⬜⬜⬜⬜⬜⬜

明年

我预测在 ⬜⬜⬜⬜⬜ ⬜ ： ⬜

⬜⬜⬜⬜⬜⬜⬜⬜⬜

给你的准确性从1到5打个分
（0=不靠谱，5=准确命中）　得分 ⬜/5

你猜对了哪一部分？

⬜⬜⬜⬜⬜⬜

—— **做梦** ——

用一周时间记录梦境。你看到了什么征兆吗？如果有，你预见到了什么事？把它们写下来。

⬜⬜⬜⬜⬜⬜⬜⬜⬜

你把这项能力
用在了……

正义？ ⬜
　　邪恶？ ⬜

你的梦境实现了吗？ 是/否　给你洞见未来的能力打个分 得分 ⬜/10

你也可以试着完成以下的任务：
5 超级视力・19 知道你应该先救谁・33 预判对手的下一步行动・64 时间旅行・
75 拯救世界：免于环境灾难・92 心灵感应

跳跃

　　很可惜，你没生得一双跳蚤的腿，不过还是要以那个级别的跳跃作为目标。想想可以不用杆就能撑杆跳，多帅啊！不过跳跃不光是讲求高度，你可能需要从一个屋顶跳到另一个屋顶，所以跳得远也是很重要的。和身体素质同样重要的是——非凡的勇气。面对万丈深渊，你得有足够的信心才能完成这伟大的一跃。

人类的一大步

　　★ 想要跳得又高又远，关键是助跑的速度。跑得越快，在弹跳时就会有越多的能量。你还得用手臂带动自己向上向前，并且注意在落地时屈膝。

　　★ 在学校或体校练习跳高、跳远或者跨栏，可以帮助你衡量为了成为超级英雄你比普通人多做的努力。你也可以在家练习立定跳远（家里可能没有空间助跑）或跨越障碍物（比如椅子），还可以向前跳（从电视跳到沙发）、向后跳，也可以左右跳（这可是逃跑时重要的动作）。

　　★ 你还可以通过跳上跳下台阶来增强腿部力量。虽然每一跳看起来动作都不大，但会给你的每一块肌肉所需的锻炼。别忘了在锻炼结束后进行拉伸动作来增强柔韧性，通过打篮球或排球来练习跳跃可能会更有趣。

完美落地：如果你在高速运动中跳跃，落地时做一个前滚翻可以帮助你保持向前的节奏，并减轻落地带来的冲击。如果从高处跳下，可以通过翻滚，让肩膀或背部着地来减轻冲击。

跳跃

如果你完成了这项任务，
可以在这里贴一颗"成就之星"并填写下面的表格。

☆
完成

更上一层楼

跑得快自然是好事，可是如果没有办法跳得又高又远，那即便是超级英雄，也会在第一个栅栏前就倒下。

测试一 在地上画一条线，看看立定跳你能跳多远。

你跳了多远？

[0|0] 米 [|0] 厘米

助跑时比立定跳远了多少？

[0|0] 米 [|0] 厘米

测试二 用同样一条线，这次充分地助跑，看看你能跳多远。

你跳了多远？

[0|0] 米 [|0] 厘米

[0|0] 米 [|0] 厘米

测试三 跳过障碍物。可以先从小一点的物体开始，之后逐渐提升物体的高度。

你跳过的最大东西是什么？

你最终没能跳过的是什么？

测试四 奥运会中有许多种有关跳跃的比赛。你试过跳高吗？

你跳了多高？

[0|0] 米 [|0] 厘米

你跳了几次？

[|0]

测试五 三级跳呢？

你跳了多远？

[0|0] 米 [|0] 厘米

三级跳是不是比普通跳远跳得更远？ 是/否

你向侧面跳能跳多远？

[0|0] 米 [|0] 厘米

你向后跳能跳多远？

[0|0] 米 [|0] 厘米

你把这项能力用在了……

正义？ □

邪恶？ □

📋 **你也可以试着完成以下的任务**：

3 学会飞 · 13 克服你的恐惧 · 14 力量 · 28 平衡 · 66 敏捷

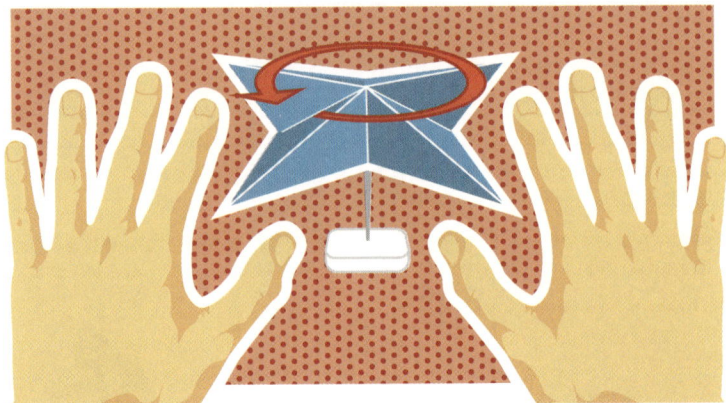

心灵遥感

　　有的时候你没办法很快够到你的武器／遥控器／巧克力棒……或者你的手在和忍者杀手打斗时被困住了，或者你全身都被绳子紧紧绑住了，根本没法够到那些东西。这种时候如果用意念就可以移动这些东西，不就方便多了？

移动球门柱

　　★ 想要控制一样东西，得先和它"合二为一"。就是说你要排除一切杂念，全身心地关注那个物件的每一个原子。为了测试专注度，你可以在一张有字的纸上点一个黑点，看看自己能盯着这个黑点多长时间不让其他的字进入你的视野。每当你的注意力游离开，就记录下坚持的时间。你的目标是保持专注五分钟不被打破。之后用一个物品进行练习。先仔细观察它的上部，之后把关注点慢慢向下移动，经过它的每一个部分，直到对它无比熟悉，甚至感觉能够摸到它。

　　★ 现在试试用意念移动一样东西。越轻越好，那样意念的阻力会比较小。例如光滑的圆柱形铅笔、一张纸或者一个"命运之轮"（见右页）。动动你的手可能会帮助意念更快地接近它，不过当你熟练起来，就不太需要这样做了。试试用意念掰弯一只勺子，甚至让物品悬浮——它们的原理都是相通的。

　　★ 不太走运？好吧，那就小小地作弊一下吧。买一些不容易看见的丝线，或者一小块强力磁铁，试试看你能在不用手接触的情况下干些什么。

　　吓死了：被各种闹鬼的声音吓得够呛？其实那可能是你内心的遥感力量正在寻找发泄的出口。很多人都相信这一理论，他们认为那些心烦意乱的少年身边闹鬼事件总是特别频频。

心灵遥感

如果你完成了这项任务，
可以在这里贴一颗"成就之星"并填写下面的表格。

完成

转起来

通过这个简单的实验走进心灵遥感的奇妙世界吧。用这个命运之轮，可以立刻实现心灵遥感。

需要准备：
一小张正方形的纸（例如便签纸）
一块橡皮
一根针

1. 沿纸的一条对角线对折

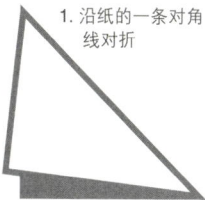

2. 打开这张纸，再沿另一条对角线对折……

3. 再打开这张纸就变成了这样 >

< 4. 翻转这张纸，然后垂直对折

5. 打开后后再水平对折 >

6. 现在这张纸变成了这样 >

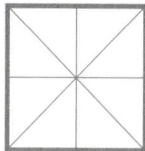

7. 挤压这张纸，让它看起来像个四角星

8. 把针扎进橡皮里，确保针完全竖直，之后像图中这样，把纸放在针上

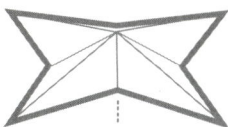

9. 现在把注意力集中到命运之轮上，并把手放在它的两边……

你让它旋转起来了吗？
是/否

向左？

向右？

如果它果然转起来了，你认为是因为……

你的意念

科学

在下方解释你的结论……

命运之轮开始转动是因为……

你把这项能力用在了……

正义？

邪恶？

你也可以试着完成以下的任务：
12 大脑控制术·20 学会一心二用·36 分身·69 功夫大师·73 造一个力场·92 心灵感应·94 与电脑对话

冷酷无情

大坏蛋的世界里没有"多愁善感"这个词，他们也不会站在别人的角度看问题。你必须得特别的一根筋，而且极度自私。没人会喜欢你这样，不过这就对了。如果你本质上是个好人，那么装成这样的讨厌鬼就得下点功夫了，通过下面的练习训练自己吧。

不许哭

★ 找几个朋友（如果你有的话）一起在家看个电影。隆重推荐以下几部：《小鹿斑比》、《人鬼情未了》、《ET》、《美丽人生》、《泰坦尼克号》、《老黄狗》和《马利和我》。这些都是经典的催泪电影，要想测试自己冷酷无情的程度，挑选其中一部电影看完，让朋友监督你不许掉眼泪、吸鼻子或者抽泣。如果把以上所有电影看完都没哭，你就得满分了。如果你居然能在最悲伤的时候笑出来……加十分！

★ 你上次大扫除是什么时候？就算有洁癖，为了证明你的冷酷无情，也要进一步将生活清空。以前传过的字条、毛绒玩具、照片或电子邮件都要进行检查，将那些只能给你带来温暖感觉而没有其他作用的物品立刻扔掉。如果想找借口留下这些没用的玩意，我只能说，你可能不适合当个邪恶天才。

催泪故事：电影不是测试你冷酷无情的唯一方式。试着冷酷无情地看看这些书吧：《快乐王子》、《夏洛的网》、《偷书贼》、《苔丝》、《飞越疯人院》和《世界冠军丹尼》。

冷酷无情

如果你完成了这项任务，
可以在这里贴一颗"成就之星"并填写下面的表格。

完成

你这个多愁善感的傻瓜

扔掉那些没用的宝贝吧，它们除了让你两眼发呆地想起一些美好回忆，全无别的用处。好吧，如果你非要留，就在以下各个类别中分别保留一件好了。不过平时得把它们锁起来，只有在确定周围没有人的时候才能拿出来。

旧玩具

你扔掉了多少？

0 | 0 | 0

哪个是你差点没舍得丢掉的？

那么你把它……

扔了？ 毁坏了？

给人了？ 收起来了？

你把哪个留下来了？

短信

你删掉了多少？

0 | 0 | 0

哪个是你差点没舍得删掉的？

那是谁发给你的？

你有没有在删掉之前把它偷偷抄下来？ 是/否

你把哪条留下来了？

照片

你删掉了多少？

0 | 0 | 0

哪个是你差点没舍得删掉的？

那是谁的照片？

你是否把电子文件和冲洗照片都丢掉了？ 是/否

你把哪张照片留下来了？

纪念品

你丢掉了多少？

0 | 0 | 0

哪个是你差点没舍得丢掉的？

它有什么特别之处？

你把哪件纪念品留下来了？

你还打算丢掉些什么？

在下方列出

在丢掉它们的时候，你……

歇斯底里地哭？

强忍住眼泪？

毫不动情？

歇斯底里地笑？

在大清扫之后你感觉好吗？ 是/否

你也可以试着完成以下的任务：
11 扮恶人 · 23 统治世界的邪恶计划 · 37 训练你的超级宠物 · 44 永不言弃 ·
46 选择一个使命 · 82 经济头脑

做出牺牲

在你的超级英雄生涯中，将要面临很多艰难的抉择，而且往往要在你喜欢的事和正确的事之间做选择。如果笃定要当个超级英雄，或许你已经知道——要做出一些牺牲。当朋友都去听摇滚乐的时候，你可能不得不到街上去抓坏人。为了将来能面对重大牺牲和挑战，最好的训练方式就是从现在开始选择做那些正确的事，而不是你喜欢的事，即便它们就摆在你眼前。

自虐大放送！

★ 让朋友准备一份你最喜欢吃的东西——比如一块美味的巧克力蛋糕。同时，让他们准备点儿很有营养，但是明显不那么好吃的东西——比如一盘小椰菜。面对这两盘食物，你必须表现得像个超级英雄。如果选择了正确的事，就得眼睁睁地看那块被你高傲拒绝的蛋糕被瓜分，而你则要一口一口把小椰菜吃下去。请一边吃，一边提醒自己这么做的原因——我是个超级英雄。

★ 做正确的决定是一回事，坚持做下去是另一回事。试着戒掉你最喜欢的一样东西生活一周、一个月，如果你够强悍的话，一整年。让一个非常了解你的人帮你决定这样东西是什么，并请他们帮助监督你的进步。为此省下来的时间和金钱，就可以花在超级英雄的事业上啦。

放手：想要真正领悟生命的价值，超级英雄决不能执著于对物质的欲望。必须克服一己私欲，心怀天下。下次如果有谁跟你说"你的衣服挺漂亮"——直接脱下来送给他。

做出牺牲

如果你完成了这项任务，
可以在这里贴一颗"成就之星"并填写下面的表格。

☆ 完成

放弃它

你平均每周花多少时间……

看电视？ `0 0` 时 上网？ `0 0` 时 煲电话粥？ `0 0` 时 打游戏？ `0 0` 时

你花在什么事情上的时间最长？ [   ]

你坚持了一周吗？ 是/否

戒掉这件事情一周，来测试你做出牺牲的能力。把节省下来的时间去帮助他人吧。

如果没有，你在这件事上花了多少小时？ `0 0`

你用节省下来的时间做了什么？ [   ]

做出这个牺牲有多难？

☐ 一点也不难	☐ 很简单	☐ 比较简单
☐ 比较难	☐ 很难	☐ 完全不可能

有谁因此受益了？ [   ]

给下面这些好吃却不太健康的食品打个分

薯片 总分`10` 糖果 总分`10` 饼干 总分`10` 蛋糕 总分`10` 快餐 总分`10` 巧克力 总分`10`

你最喜欢的是哪个？ [   ]

你坚持了一周吗？ 是/否

戒掉这种食品一周，来测试你做出牺牲的能力。用节省下来的肚子吃点健康而有营养的东西吧。

如果没有，你有多少次没忍住诱惑？ `0 0 0`

你吃了什么作为替代？ [   ]

做出这个牺牲有多难？

☐ 一点也不难	☐ 很简单	☐ 比较简单
☐ 比较难	☐ 很难	☐ 完全不可能

你感觉更健康了吗？ 是/否

你每个月能得到多少零花钱？ ¥ `0 0` . `0 0`

你捐给了哪家慈善机构？ [   ]

你打算用这个月的零花钱买点什么？ [   ]

做出这个牺牲有多难？

☐ 一点也不难	☐ 很简单	☐ 比较简单
☐ 比较难	☐ 很难	☐ 完全不可能

把一部分零花钱捐给慈善机构，以此来测试你做出牺牲的能力。你捐出了多少？

☐ 没捐 ☐ 1/4 ☐ 1/2 ☐ 全部

如果真想当一个超级英雄，你就得考虑每周都把一部分零花钱捐给慈善机构。准备好了吗？ 是/否

你也可以试着完成以下的任务：
13 克服你的恐惧 · 26 了解你的弱点 · 78 当个楷模 · 81 迅速做出正确的决定 ·
84 拒绝诱惑 · 86 保守顶级秘密

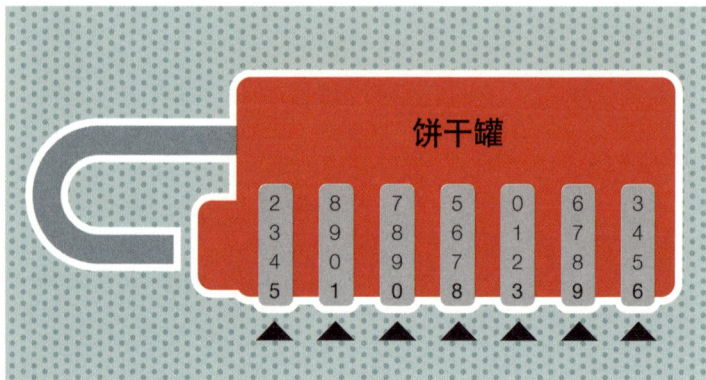

饼干罐

破解密码

　　邪恶天才可都不傻。他们不会轻易让你搅乱其秘密计划。他们只要稍微有点脑子，就会对彼此之间的通讯进行加密。不过他们没想到的是，你可以拦截并破解这些密码。没错，永远抢先对手一步。

解码高手

　　★ 在分析一段密码时，首先要做的就是数出每一种符号被使用的频率，因为很有可能被使用最多的那个符号就代表英文字母"E"。其他常用的英文字母有哪些？想一想，这可能对破解密码很有帮助。

　　★ 看看有哪些由一个、两个或三个字母组成的单词，这些单词最容易破译，因为它们可能的组合比较少。一个英文字母的单词只有两个："A"和"I"，所以，如果你在密码中找出了这两个字母，是个很棒的开端。找到"A"之后，找到"N"和"D"通常就不会太难，因为"AND"也是常用的英文单词之一。

　　★ 再试着研究研究哪些单词有两个相同字母相连。如果你发现一个由四个字母组成的单词中，有两个字母居然是一样的，那么它们所对应的字母很可能是五个元音中的一个。如果你怀疑重叠的字母是个辅音，那基本上可以排除"W"、"H"、"J"、"Q"这几个字母了。

　　★ 右页有几个密码等着你去破解，练练手吧。记住，一个解码高手通常也是编码高手。看看你能不能编出几个超难的密码。

　　傻瓜：如果你从一个反派那里截获一段密码，就要小心了，因为那可能是一段无法破译的"傻瓜密码"。比如"擦屁股纸"可能代表着"进攻"的命令。那么"去伦敦给我拿一卷擦屁股纸"可能就是"立刻攻击伦敦"的意思。

破解密码

如果你完成了这项任务，
可以在这里贴一颗"成就之星"并填写下面的表格。

完成

解码

看看你能否破解下面这组密码。（答案在本书最后）

4-(10)-(7)-11-9-7 / (15)-(3)-6-15 / 9-11-13-2 / 4-15-6-(10)-3 / (15)-(3)-2 / 7-2-16 / 5-2-(7)-11-8

在这里写下你的答案

这个密码挺有难度的，配合下面的密码表，看你能否把它解出来。

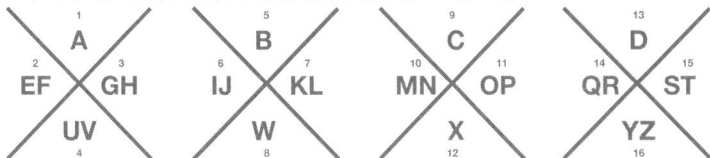

如果还是没有头绪，给你一点线索吧：为了增加难度，有些字母被分配了相同的数字。而其中加括号的数字就是告诉解码者要替换对应这个数字的第二个字母，而没有括号的则要替换对应这个数字的第一个字母。所以单词"Kill"就可以被写成"7-6-(7)-(7)"。

加密

现在你可以根据上面的模型创造自己的密码表了。在上面那组密匙中，字母是根据顺序从左到右排列的，你可以通过倒过来，甚至随机排列字母，来给它们分配数字，但是要注意每个字母最多只能分配一个数字。当你完成后，就可以用英文写下一句话，并转换成密码，让你的助手试试，看他在密码表的帮助下能用多长时间解出来。

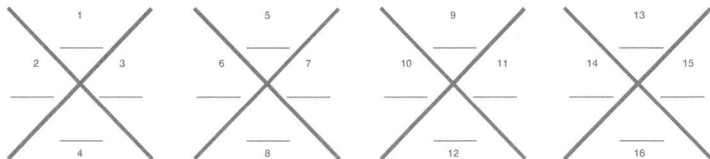

写下你的秘密信息

让你的助手翻译出来

你把这项能力用在了……

正义？

邪恶？

你也可以试着完成以下的任务：
7 破解晦涩谜语·29 解决不可能的问题·72 说上百种语言·74 发现和破解线索·94 与电脑对话

想几句经典台词

　　超级英雄关键是要行动，不能话太多，就是这样。该去拯救世界的时候总是东拉西扯怎么行。邪恶天才们却喜欢自己的声音，总是以语言作刀先把世界吓个半死。所以，无论你想当超级英雄还是邪恶天才，设计好台词都是件重要的事。

先吃我一句！

　　★ 到了生死攸关的紧要关头，你和对手都要使尽浑身解数把对方打败。这时候如果用几句经典台词来羞辱对手，气势上就能胜对方一筹。当然了，对方也会想尽办法调戏你，这时候你就得迅速打磨自己的智慧，然后反唇相讥。别忘了，你还得设计几句出奇制胜的台词，让对方的豪言壮语还没说完，就被你一句话噎死。

　　★ 如果你想换个口味当反派，除了各种无所不用其极的招数，还需要一击必中的酷酷的格言，或者在对手苦苦挣扎于你的陷阱之中时说上一句"温情的告别"（当然要把讽刺劲儿表达出来）。

　　★ 如果想当个超级英雄，你注定会做不少善事，也注定会接受世人的称赞。要知道，回应他人的称赞也是个技术活。"这都是我应该做的。"这句话是经典中的经典，但是作为一名新时代的超级英雄，你还应该想点儿更有创意的。

战斗间歇，别忘了你的爱人：无论你是有着双重身份的超级英雄，还是个心理变态的邪恶天才，想要保持一段稳定的恋爱关系都不是容易事儿。所以你更需要想几句能让爱人听了就幸福得昏厥的情话。不当斗士，也要当一个诗人。

想几句经典台词

如果你完成了这项任务，
可以在这里贴一颗"成就之星"并填写下面的表格。

☆
完成

———————— 超级双关 ————————

为你的后代记录下经典台词吧。谁知道呢，或许以后还用得上。

你绝杀时的经典台词

听到这句台词的
对手是谁？

这句台词前面的铺垫是什么？

把你机智的
回应写在对
话框里

对方听到这句台词的反应是什么？

沉默 □　　欢呼 □　　大笑 □

呻吟 □　机智地反击 □　狂怒 □

你告别时的经典台词

听到这句台词的
对手是谁？

这句台词前面的铺垫是什么？

把你机智的
回应写在对
话框里

对方听到这句台词的反应是什么？

沉默 □　　欢呼 □　　大笑 □

呻吟 □　机智地反击 □　狂怒 □

你突然杀出时的经典台词

听到这句台词的
对手是谁？

这句台词前面的铺垫是什么？

把你机智的
回应写在对
话框里

对方听到这句台词的反应是什么？

沉默 □　　欢呼 □　　大笑 □

呻吟 □　机智地反击 □　狂怒 □

在下方的对话框
里，记录下更多
你羞辱对手的经
典台词

*你把这项技能
用在了……*

正义？ □　邪恶？ □

📓 **你也可以试着完成以下的任务**：

7 破解晦涩谜语，11 扮恶人，65 说出一条血路，93 提高你的说服力，100 卷土重来

物品一

物品二

物品三

物品四

过目不忘的能力

要想成为宇宙的守护者，你可能需要花一生时间来学习各种有用的技能。但别忘了在埋头学习的时候，那些邪恶天才正在摧残地球。因此，你需要拥有过目不忘的本领，不管看见什么都能迅速记住。至于速度嘛，要比子弹还快。

我来了，我看见，我征服

★ 随着年龄的增长，记忆视觉信息的能力会慢慢减弱，许多细节都会变得模糊。你可以试着每天花点时间找一幅图片认真地看，然后闭上眼睛，尽可能回忆起图中所有的细节。除此之外，试试用同样的方法记忆单词、数字，或者一段经历。

★ 不少人喜欢通过记忆圆周率"π"小数点后的超多位数字来炫耀自己的记忆力。很牛不假，但是很无趣。你应该训练自己去记些更"有用"的东西，例如词典中关于一个单词的解释、电话号码，或吉尼斯世界纪录中的故事——这样在需要帮助的时候，你就知道如何找到那些世界上最强壮、最快、最高或最矮的人了。当你觉得小有所成时，找朋友帮忙测试一下。

★ 有很多游戏也可以增强记忆，例如连连看。此外，托盘游戏也不错，让你的朋友找十件物品放在托盘上，用一块布蒙起来。你用一分钟来看这十样物品，并尽可能记住。一分钟后再用布蒙起来，你要努力回忆起托盘上的所有物品。当你觉得十件物品已经缺乏挑战，试试放上更多的物品，或者缩短观看的时间。

流着泪去读：金·皮克是电影《雨人》的创作原型。他可以用常人难以想象的速度阅读，而且记住读过的每个词。他甚至可以同时读书的左右两页，左眼看左边的，右眼看右边的。你也试试。

过目不忘的能力

如果你完成了这项任务，
可以在这里贴一颗"成就之星"并填写下面的表格。

完成

—————————— **记忆测试** ——————————

让你的好朋友认真挑十件物品放在托盘上，并用一块布蒙起来。当你准备好后，他揭开这块布让你记住上面的东西，计时六十秒。时间一到，把布蒙上，看看你能不能记起所有的东西。你可以把物品的名字填进下方的表中。一轮过后换新的物品，但这一次只有三十秒时间来记忆。

第一次（六十秒）

物品一	物品二
物品三	物品四
物品五	物品六
物品七	物品八
物品九	物品十

第二次（三十秒）

物品一	物品二
物品三	物品四
物品五	物品六
物品七	物品八
物品九	物品十

在六十秒之后你回忆对了多少？ 总分 10

在三十秒之后你回忆对了多少？ 总分 10

你的记忆怎么样？

非常糟糕　糟糕

一般　好

超级棒　照相式记忆

第二项测试，你有六十秒时间来记住一个房间中的物品，六十秒结束时，你要离开房间，让你的好朋友进入房间拿走一件物品，并换上一件新的东西。之后你要回到房间找出是什么被换掉了。

第一次

写下新物品
写下被拿走的物品

你答对了吗？ 是/否

第二次

写下新物品
写下被拿走的物品

你答对了吗？ 是/否

第三次

写下新物品
写下被拿走的物品

你答对了吗？ 是/否

第四次

写下新物品
写下被拿走的物品

你答对了吗？ 是/否

你把这项能力
用在了……

正义？
□

邪恶？
□

你也可以试着完成以下的任务：

5 超级视力·63 观察技巧·72 说上百种语言·80 方向感

耐热又抗冻

　　为了拯救世界，你可能不得不去很多有着极端天气的地方。因此，提前做好准备是明智的，总不能因为"那儿太冷了"就把任务给拒绝掉吧。

降降温

　　★ 极端的冷和热都会影响大脑的运转，所以你应当随时关注身体发出的信号，别等脑子烧坏了做出傻事。随时准备点水，无论是在酷暑还是严寒中工作，脱水都是很危险的。

　　★ 别让自己一直晒着太阳，找个背阴的地方工作，或者尽可能在工作之中休息一会儿，都能让你在大太阳天感觉好受一点。别吃得太多，那会加快你的新陈代谢，而新陈代谢意味着——更多的热量。汗在夏天可是个好伙伴，能帮助降低体温（但别忘了补充水分），还有，你应该穿些宽松的衣服。当然，你也可以多去去桑拿房，锻炼对高温的耐受力，或者去热带地区过个暑假。

　　★ 在极端寒冷的条件下，记住别让头着凉，因为头部是身体的散热出口。当然也不能捂得太严实，要是捂出了汗，皮肤上的水分会使你的体温下降。最好的办法是多穿几层宽松的衣物，衣物之间的空气是隔绝冷空气的利器。此外要保持衣物干燥，最外层的衣服最好能防水。要想锻炼对寒冷的耐受力，不妨去试试冬泳，如果觉得太辛苦，吃一大堆冰激凌也不错。

　　★ 你应该设计几款不同的超级英雄套装，至少得有一些装备，帮你应付极端的天气和气候。

从一个极端到另一个：除了冷冻侠喷射出的大冰块，世界上最冷的地方要数南极了，最热的则是火山口。但是在那种地方生存实在太难，估计不会有什么反派把这种地方当成自己的老窝吧。

耐热又抗冻

如果你完成了这项任务，
可以在这里贴一颗"成就之星"并填写下面的表格。

☆ 完成

冰与火

在下方写下你经历过的最热和最冷的场景。从今天开始，你可以用温度计记录那些特别炎热和寒冷的日子。测试自己对于极端温度了解多少，这些信息可能在你执行任务时有所帮助。

冷

你经历过最冷的温度是多少？

[0 | 0] °C 在温度计上标注出来

那是在哪里？

你是如何保暖的？

热

你经历过最热的温度是多少？

[0 | 0] °C 在温度计上标注出来

那是在哪里？

你是如何保持凉爽的？

感受热度

水在多少度结冰？ [0 | 0] °C

我们身体的平均温度是多少？ [0 | 0] °C

人体到了多少度就属于体温过低？ [0 | 0] °C

温度计刻度：
°F 104, 122, 86, 68, 50, 32, 14, -4, -22, -40
°C 50, 40, 30, 20, 10, 0, -10, -20, -30, -40

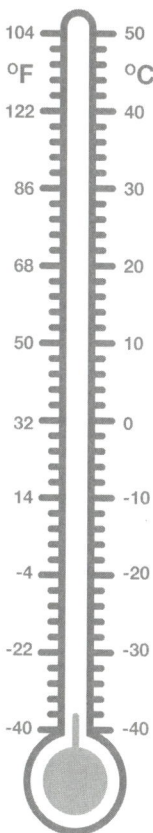

绝对零度是多少度？ − [0 | 0 | 0] °C

地球上有记录的最低温度是多少度？ − [0 | 0] °C

那是在哪里？

太空有多少度？ − [0 | 0] °C

水在多少度时沸腾？ [0 | 0] °C

岩浆有多少度？ [0 | 0 | 0 | 0 | 0] °C

太阳表面和闪电哪个更热？

太阳 [ ]　　闪电 [ ]

地球上有记录的最高温度是多少度？ [0 | 0] °C

那是在哪里？

(答案在本书最后)

给你忍受

热 [/10]　冷 [/10]

的能力打个分

你把这项能力用在了……

正义？ [ ]　邪恶？ [ ]

你也可以试着完成以下的任务：

6 耐力・18 操控自然・26 了解你的弱点・70 应对压力・72 说上百种语言・90 救人要紧

冒险

　　冒险的关键在于先要估计自身和他人可能会陷入的危险程度。当然，再怎么预估，冒险也都有一定赌博的成分。但我们要尽量计算出承担的风险有多大。如果你连游泳都不会，还想去深海中救人，我还能说你什么好呢。

赌上你的性命

　　★ 你可能听说过用于计算风险的SWOT分析（分别是优势、劣势、机会和威胁）。除此之外，你可以试试FART分析：积极、消极、现实和理论。换句话说，在你要冒险之前，要考虑哪些因素可能帮助你成功（例如技巧、好天气、高级的装备、积极的心态），又有哪些因素会阻碍你（例如外星人、巨型蜘蛛、邪恶的反派）。之后你就需要衡量理论上的预测结果和现实情况相去几何。用正面因素的数目减去负面因素的数目，如果你得到了一个正数，预期就是好的，而且数字越大越值得冒这个险；而如果是个负数，就要做好失败的准备了。

　　★ 冒险也需要勇气。在变成超人那么厉害之前，你可以先通过一些小的冒险来锻炼自己的勇气，最好还能有一些小的奖励来鼓励自己。列出十件你一直想做却不敢做的事（不要太出格），使用FART方法来分析一下，然后选出得分最高的那个试一试。之后，你就可以向那些风险更高的事一步步进发了。

　　"有人来自某番邦／化装舞会逛一逛／无论如何要出彩／扮成饼干一大块／却被恶狗吃精光"，这是一首"著名的"打油诗，包含了一个关于冒险的真理：永远要考虑到那些意想不到的情况。

冒险

如果你完成了这项任务，
可以在这里贴一颗"成就之星"并填写下面的表格。

☆
完成

FART测试

你要做有风险的决定时，试着用下面的FART测试来评估成功的可能性。首先你可以猜想成功的概率（理论上的）。之后考虑到尽可能多的正面和负面的影响因素，通过下面的方法进行计算，你会得到一个百分比，代表你在现实中取得成功的可能性。

风险一

理论上，我有 ☐ ％成功的可能性。

积极因素（+1） 消极因素（+1）

总分 ☐ 总分 ☐

现在进行 $\frac{(积极因素-消极因素)}{(积极因素+消极因素)} \times 100$
如下计算

现实中，我有 ☐ ％成功的可能性。

哪一个可能 理论 ☐ 现实 ☐
性更高？

你决定冒险吗？ 是/否

如果你去了，结果如何？

风险二

理论上，我有 ☐ ％成功的可能性。

积极因素（+1） 消极因素（+1）

总分 ☐ 总分 ☐

现在进行 $\frac{(积极因素-消极因素)}{(积极因素+消极因素)} \times 100$
如下计算

现实中，我有 ☐ ％成功的可能性。

哪一个可能 理论 ☐ 现实 ☐
性更高？

你决定冒险吗？ 是/否

如果你去了，结果如何？

你把这项能力
用在了……

正义？ ☐
邪恶？ ☐

你也可以试着完成以下的任务：

13 克服你的恐惧·16 第六感·44 永不言弃·50 洞见未来·54 做出牺牲·70 应对压力

拯救世界：对抗不死族

　　僵尸、吸血鬼、恶灵、骷髅和木乃伊有一个共同之处——它们极难被杀死，因为它们已经死了。

搞定那些"鬼"

　　★一些不死族成员的特征很明显。例如骷髅，它们很难伪装，也无法附身，所以它们的进攻一般都是靠偷袭。子弹和刀剑对它们都没什么用，相比之下，大棍子或是投石机这种东西可以把它们打个粉碎。对付木乃伊也有妙招——它们是易燃的。

　　★吸血鬼最善于欺骗。它们看起来除了更帅一点，和普通人没什么区别，所以人们很容易被诱骗进它们的陷阱。战胜吸血鬼最传统的办法是把木钉死死钉进它们的心脏，但是想要百分之百确认它们不会再攻击你，最好把头也砍下来，然后把身体烧掉。

　　★僵尸的行动很缓慢，无组织无纪律，而且很怕强光。即便如此，它们只需要轻轻咬你一口就大功告成了。它们往往是通过数量取胜，所以对付它们，推荐远程攻击武器和防身用的盔甲。

　　★大多数鬼其实都是无害的，只要你不去招惹的话。但也有些没有身体的恶灵乐于入侵天真的孩子。如要摆脱，你需要做一些调查，了解是什么冤情让它们阴魂不散，并尽力解开冤情，让它们的灵魂安息。十字架上的耶稣像、圣水、《圣经》或许可以保护你，但如果这个恶灵不信上帝，可能就得换个法了。

那样的话就倒霉了：由于杀死不死族的方式过于极端，你必须要确保你对付的不是一个无辜的人，否则你会遭受永恒的磨难。你一定要有钢铁般的意志，并坚持等到能够确认的最后一刻。

拯救世界：对抗不死族

如果你完成了这项任务，
可以在这里贴一颗"成就之星"并填写下面的表格。

完成

机密文件

不死族
— 了解你的对手 —

不死族在攻击时主要依靠出其不意。尽早发现它们，并按照计划行动显得至关重要。

嫌疑人名称 ☐

对手的弱点 ☐

它们暴露出了什么让人怀疑的特征?

走得很慢
或能漂浮 ☐

透明 ☐

死鱼眼 ☐

有嗜血的
习惯 ☐

喜欢呻吟 ☐

穿衣品味
怪异 ☐

对手的优势 ☐

你觉得这个嫌疑人可能是什么物种?

吸血鬼 ☐　　骷髅 ☐　　僵尸 ☐

鬼魂 ☐　　恶灵 ☐　　木乃伊 ☐

你需要一个行动计划，
你会……

详细说明你打算如何
执行计划

审问嫌疑人? 是/否

报警? 是/否

消灭嫌疑人? 是/否

招致麾下? 是/否

让它投降? 是/否

把不死族嫌疑人的照片
贴在这里

你把这个信息
用在了……

正义? ☐

邪恶? ☐

你也可以试着完成以下的任务:
16 第六感 · 27 夜视能力 · 38 集结你的黑暗大军 · 49 打磨你的道德感 · 52 心灵遥感 ·
66 敏捷 · 69 功夫大师 · 90 救人要紧

在这里写下秘密基地的名字

警告!
非请勿入

选定你的秘密基地

超级英雄的家可以是城堡、岩洞、树屋或者一间普通的卧室。但不管在哪儿，这个秘密基地都要足够安全和私密。所以，赶紧研究那些重要的事情，别让自己沉浸在墙纸的挑选中无法自拔。

位置、位置、位置

★隐秘即安全。如果没人知道你的总部位置，自然也就不必担心有人来攻击了。不过保密并不是件容易的事儿。比如你希望基地看起来和普通卧室一样，就要让它能非常快速地变成一间卧室。注意收起任何有可能泄露你身份的线索。要知道，隐藏可是一门艺术。

★你的秘密基地需要足够的空间存储服装和道具，甚至超级座驾什么的。此外，你还需要一个类似实验室的地方，用来设计、测试小道具。

★你能不能很方便地赶回基地？紧急的时候如果基地离你十万八千里，还有什么意义？好好想想如何方便地进入基地。此外，你可能需要一条秘密的逃生通道，以及存有补给的秘密仓库。

★作为行动的神经中枢，你的秘密基地应该能够清晰地观察外界的情况。我指的不是窗户——你需要互联网、电视、收音机，甚至报纸，这些工具可都是监测利器。

哪儿也没家好：不要忽视秘密基地的样子和带来的感觉。这是你的堡垒和避难所，也是让你这个超级英雄（或邪恶天才）尽情放松、玩耍的地方。不管是和好朋友一起，还是自己一个人待着，都要够温馨。

选定你的秘密基地

如果你完成了这项任务，
可以在这里贴一颗"成就之星"并填写下面的表格。

完成

—— 你自己的五十一区 ——

五十一区是位于美国内华达州沙漠腹地的一块神秘军事基地。虽然这个地点并不是秘密，可没有人知道里面有些什么。关于它有很多阴谋论——最著名的就是说坠毁的UFO都在里面。与五十一区不同，你必须把基地藏在一个隐秘的地方。不要把地址写下来，不过你可以在下面的坐标图中画出它的结构布局，在下方的列表中勾选它拥有的功能和道具，并添加其他独特的功能和道具。

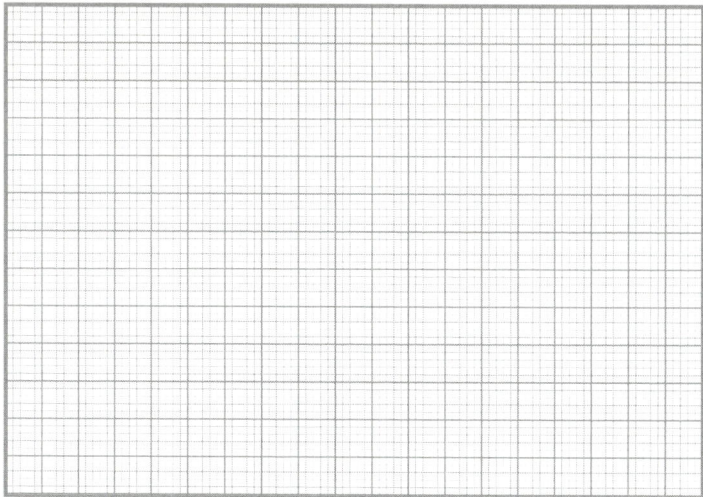

☐ 贮藏室	☐ 世界地图	☐ 秘密逃生通道	☐ 控制台和座椅
☐ 衣橱	☐ 保险柜	☐ 设计工作坊	☐ 安保系统
☐ 超级座驾停车场	☐ 军械库	☐ 审讯室	
☐ 通讯控制台和监视器	☐ 科学实验室		

你的秘密基地还有什么特殊道具？

_____

_____

如果你不能把秘密基地隐藏在家人和朋友的视野之外，就试着做一个像左页那种的警告标志（也可以把那个扫描放大），贴在秘密总部的门口。

你把你的秘密基地
用在了……

正义？
☐
邪恶？
☐

你也可以试着完成以下的任务：
32 做一把反派专用椅 · 47 幻象大师 · 76 制订逃跑计划 · 79 设计你自己的小配件 · 86 保守顶级秘密 · 97 眼观六路，耳听八方

超级听力

　　你有没有听到过针头掉地、蝴蝶叹气，或是跳蚤打喷嚏的声音？没有？那你得训练训练自己的耳朵了，直到它们像猫耳朵一样灵敏，不然怎么能偷听到那些大反派的秘密计划，或是城市那头的呼救呢？超级听力可不光是能听见，更要学会倾听。你是不是也有过别人就站在旁边，你却因为心不在焉，完全不知道他在说什么的经历？是时候竖起耳朵仔细听了……

超级"听"雄

　　★ 评估你现在的听力，以便观察随后的进步。为什么不试试你能不能听见针头掉落的声音，或者隔壁房间正在说些什么？

　　★ 静下来仔细听，记录你能听到的一切，比如肚子咕噜噜叫、电子产品运转的声音、水管汩汩的水流、鸟的鸣唱、风声……哎？是不是有老鼠？

　　★ 下面试着听一段交响乐，摇滚乐也行，但要有多种乐器在里面。把注意力依次集中在其中一种乐器上，听听它的旋律是什么，然后试着哼出来。如果什么时候你能哼出贝多芬《第五交响曲》里双簧管的旋律，那就牛了！

　　★ 学学唇语。最简单的办法就是看电视时把电视声音调到最低。不过这之前，你应该先在镜子前观察自己说话时嘴唇是怎么运动的，试着念念英文二十六个字母。

把你的耳朵借给我：当我们变老的时候，内耳的毛细胞变得不那么灵敏，我们会开始听不清，尤其是高音。另外，总是听分贝很高的声音也会损害这些细胞，所以要想保护听力，得往耳朵里塞手指，而不是耳机。

超级听力

如果你完成了这项任务，
可以在这里贴一颗"成就之星"并填写下面的表格。

☆ 完成

听，听！

停下手头的事，仔细聆听周围的世界。给自己计时一分钟，记录你听到的所有声音。

声音一	声音二	声音三

声音四	声音五	声音六

声音七	声音八	声音九

声音十	声音十一	声音十二

蒙上眼睛再试一次，在你看不到的时候听觉是不是更敏锐了一点儿？ 是/否

唇语者

比分辨细微声音更厉害的境界就是能够在没有任何声音时获取信息。读唇是很难的技术，不过一旦你掌握了这门技术，就可以隔着整个房间"听到"对方的悄悄话了。下面研究一下你在发出英文字母元音的时候自己的嘴型吧。把你看到的嘴型画在下面并记住，以帮助你读唇。之后你可以继续研究辅音了——要学的还有很多呢！

A	E	I	O	U

隔壁"聆"居

隔着一扇门或者一面墙听听别人的对话。以下哪种方法最有效，排个序。

你把这项能力用在了……

☐ 用手在耳朵周围围起来　　☐ 用玻璃杯抵住墙听　　☐ 只用耳朵

你大约能听清对话的百分之多少？ 0 . 0 0 %

你听到什么有趣的内容吗？ 是/否

正义？ ☐
邪恶？ ☐

有没有哪些音格外地难以听清？如果有，为什么？

你也可以试着完成以下的任务：
5 超级视力・10 潜行・16 第六感・34 超级嗅觉

观察技巧

　　随时对可疑的行为和不寻常的事件保持警惕是很重要的，如果发生在眼前的事你都不能吸引你的注意，那么拥有超级视力也就没有意义了。别光死盯着，学会用心看。清晰的头脑可以帮助你专注地观察。

睁大眼睛

　　★ "找不同"是锻炼观察能力的绝佳游戏，但是想要成为超级英雄这还不够。仔细观察自己卧室的各个角落，包括橱柜和抽屉里。之后走出房间，让你的朋友移动房间里的三样东西，看看你能不能发现。再在不熟悉的房间试一试。

　　★ 和朋友去一趟购物中心。先让他们进一家咖啡厅或者店铺，拍一张店内的照片。拍好后，你再走进店里，用三分钟的时间尽可能收集你看到的信息。等你出来之后，你的朋友会根据他们手里的照片问你一些细节问题，例如店里的某人穿什么衣服，喝着什么，或者店里的某样东西是什么颜色，有多少个等等。

　　★ 想要进行更严格的测试，你需要在忙着做其他事的时候仍然保持关注。这次你在进去店里观察的时候，让你的朋友在旁边提问一些数学题试试。

　　艺术之眼：喜欢艺术的人锻炼观察能力的方法有：复制大师的杰作、画静物素描（甚至在观察几分钟后，通过记忆进行素描），或者去画廊仔细观察画作，试着发觉那些容易被忽视的小细节。

观察技巧

如果你完成了这项任务，
可以在这里贴一颗"成就之星"并填写下面的表格。

☆
完成

找不同

用这个"找不同"的游戏测试你的观察技巧。下面两幅图中有哪六处不同？（答案在本书最后）

不同一

不同二

不同三

不同四

不同五

不同六

你把这项能力
用在了……

正义？

邪恶？

你也可以试着完成以下的任务：
5 超级视力·16 第六感·20 学会一心二用·27 夜视能力·40 理解肢体语言·
57 过目不忘的能力·77 X光透视

历史上的英雄事迹

在这里写下你的超级名号

这位时间旅行超级英雄
在以下年份生活在这里
1716, 1896, 2010
3074 & 9012

时间旅行

时间旅行是很危险的，因为每个超级英雄都知道，这会产生悖论。如果能够回到过去来改变未来，你的干扰所产生的蝴蝶效应很可能会造成许多意想不到的后果。总之，除了特别紧急的情况，最好不要进行时间旅行。当然了，也不是你想旅行就能旅行的。

光阴如梭

★ 一种最快、最简单（但是不便宜）的时间旅行的方法就是坐飞机跨越几个时区。如果你想回到昨天，只需要坐飞机向西飞。希望不管最后你飞到哪里，都能实现在昨天想要实现的愿望。当然，想要去未来，就向东飞吧。

★ 有的时候并不需要真的回到过去或去往未来，只需要让大家都这么认为就够了。你需要偷偷地把表调慢，这是本书中最原始的办法之一，不过也是最棒的。

★ 如果你真的想拥有这项超能力，只能发明一台时间机器了。爱因斯坦发现如果你运动得超级超级快，时间就会变得慢一点。当然，真的飞得像光那么快会有点危险，还是制造一些假象比较安全（就像上面说的）。其实，科学家已经从理论上确认了时间旅行的可能性，包括通过黑洞或是虫洞。如果想要进一步探索，就去找几本物理书看吧。

时间旅行小贴士：别碰见你自己；别不小心把你祖父弄死（祖父悖论：你的祖父要是死了，哪儿来的你呢？）；穿漂亮点，记住怎么回到现在，别忘了把昨晚彩票的中奖号码带回去；不要把东西落在过去。

时间旅行

如果你完成了这项任务，
可以在这里贴一颗"成就之星"并填写下面的表格。

☆
完成

过去，现在，将来

如果可以回到过去，你想要改变生活中的哪方面？你想要改变世界上的哪件大事，好让世界在你眼中变得更美好？你想了解关于未来的什么？

关心过去

你想要回到过去的哪一年？ ⬚⬚⬚⬚

那时你多大？ ⬚⬚

这一年中有什么事发生在你身上，让你想要去改变？

_____

警告！改变过去会产生一系列的连锁反应，所以务必三思而后行。

改变后今天会变成什么样？

_____

验证未来

你想要去往未来的哪一年？ ⬚⬚⬚⬚

那时你多大？ ⬚⬚

你为什么对这一年感兴趣？

_____

警告！预见自己的命运可能会导致各种心理学问题，所以务必三思而后行。

你最希望看到什么？

_____

你最害怕看到什么？

_____

现在进行时

你想要改变历史中的哪个事件？

_____

今天的世界会有何不同？

_____

这个事件是在哪一年发生的？ ⬚⬚⬚⬚

你把这项能力用在了……

正义？ ⬚
邪恶？ ⬚

你也可以试着完成以下的任务：
29 解决不可能的问题 · 33 预判对手的下一步行动 · 36 分身 · 39 速度 · 47 幻象大师 · 50 洞见未来

说出一条血路

反派们通常都不知道该在什么时候闭嘴，他们总是忍不住吹吹牛、耍耍小聪明，而且对听众的反应不够敏感。总之，反派嘛，就是不太正常。超级英雄就不一样啦，强大又沉稳，通常情况下，他们只需要一句杀手锏般的台词。呃……通常情况下。

有话好好说

★ 当紧急情况发生时，你要在一瞬间想出一句有说服力的借口，好让自己脱身。你也应该为自己的不辞而别向家人和朋友道歉。

★ 不当超级英雄的时候，面对那些想要激怒或者欺负你的人时，一定要克制。要是展示出你身体的强大，不就泄露了你超级英雄的身份吗？如果某人冲你生气地大喊大叫，冷静的回应会让你牢牢掌握住局面的主动权。

★ 要是想劝别人做什么（或者别去做什么），就需要施展你的口才了，一言不发很难获得好的结果。

★ 说话也是一种分散别人注意力的简单方法。关键时候可以为自己在对手面前争取时间，以等待支援或奇迹的发生。你也可以把对方的话茬挑起来，让他们说个不停，而你就可以（偷偷地）破坏他们的计划了。

★ 试试参加辩论社来增强信心，让自己才思敏捷，能迅速找到合适的词汇，清晰地表达想法。表演课也有助于提高你的表现能力和临场应变能力。

引用，结束引用：一个伟大的演说家能够用语言来威胁、激励、说服、笼络人心……甚至改变历史。听听这些著名人物（有好的也有坏的）的演讲吧：威廉·威尔伯福斯、温斯顿·丘吉尔、希特勒、马丁·路德·金和约翰·F. 肯尼迪。

说出一条血路

如果你完成了这项任务，
可以在这里贴一颗"成就之星"并填写下面的表格。

☆
完成

—————— 肃静！肃静！ ——————

在你掌握了雄辩术之后，用语言杀出一条血路就容易得多了。找一个有争议的话题和朋友
或家人辩论，看看谁能和你旗鼓相当。

辩论话题
完成下面的句子，构成你的论点。

我认为……

支持	**反对**	**反击**
列出你的主要论据	列出你的对手最有可能用来反驳你的论据	列出你用来反击对手的论据

谁赢了？

你 □

你的对手 □

平手 □

你学到了什么新东西吗？ 是/否　如果有，是什么？ □

你可以看出这个话题的两面性吗？ 是/否

辩论是否改变了你对这一话题的看法？ 是/否

你觉得自己发挥得如何？

☆ ☆ ☆ ☆ ☆
糟糕　一般　挺好　很好　完美

—— 来吧！ ——

再找一个对手就这个话题辩论一次，不过这次你要站在相反的立场上。这会锻炼你用多个角度看问题。

谁赢了？

你 □　你的对手 □　平手 □

你觉得自己发挥得如何？

☆ ☆ ☆ ☆ ☆
糟糕　一般　挺好　很好　完美

你把这项能力用在了……

正义？ □

邪恶？ □

你也可以试着完成以下的任务：
8 文明地教训别人·22 和动物交流·56 想几句经典台词·86 保守顶级秘密·
93 提高你的说服力

敏捷

　　敏捷结合了速度、力量、平衡性和协调性，是一项四合一的技能。如果你正在闹市区或是丛林里追捕坏人（或者被坏人追杀），你就需要在快速奔跑的同时保持步伐稳健。你的性命可就取决于这个了。

更进一步

　　★ 敏捷不光关乎身体，更是精神的体现——你需要迅速对眼前的事物做出反应。玩过碰碰车吗？再去玩一次，不过这次不要想着撞别人，而是试着从他们中间穿过，尽力让自己一次也不被撞到。

　　★ 与敏捷相关的那四种技能可以在一种运动中同时得到提高——跳舞，尤其是踢踏舞或者街舞。如果你天生缺乏节奏感，试试跳绳吧。

　　★ 练习冲刺和急停（在两步之内停下来），试着以你停下来时的姿势保持平衡十秒钟。还可以练习在冲刺时急转弯，试着以脚为轴转动，而不是跑一条弧线。当然，你也可以找几个朋友玩丢沙包的游戏。

　　★ 拿一根粉笔，找一个安全的地方（例如操场），在地上画一个梯子，至少有八级踏板。设计一种方法从梯子的一头跳到另一头。你可以正着跳、倒着跳或左右来回跳，可以跳在空白处，也可以刚好踩在线上。速度是这个练习的关键，可以让朋友拿秒表给你计时。

一只脚不许着地：如果觉得跑来跑去有点烦，可以试试单腿站立，就像稻草人那样。这算不上有意思，不过可以锻炼你腿部的肌肉，提高平衡性。你也可以挑战用头倒立或者用手倒立。

敏捷

如果你完成了这项任务，
可以在这里贴一颗"成就之星"并填写下面的表格。

☆ 完成

攻击与能量

想要成为一名成功的超级英雄，你必须比对手更敏捷。设计一个突袭训练，看看你能多快完成。

你的训练测试了以下哪些技能？

大跳 ☐	小跳 ☐	挖洞 ☐	爬行 ☐	躲避 ☐
摇摆 ☐	射击 ☐	奔跑 ☐	钻洞 ☐	攀爬 ☐
滑行 ☐	匍匐 ☐	平衡 ☐	游泳 ☐	其他 ☐

如果是其他，你还测试了什么技能？

你的训练中最难的部分是什么？

你花了多长时间完成训练？

第一次 0 0 分 0 0 秒
第二次 0 0 分 0 0 秒
第三次 0 0 分 0 0 秒

画出你训练中的各种障碍物

起点 — 1. 2. 3.
6. 5. 4.
7. 8.
10. 9.
11. 12.
终点 — 14. 13.

你把这项能力用在了……

正义？ ☐
邪恶？ ☐

你也可以试着完成以下的任务：

10 潜行 · 21 灵活 · 36 分身 · 39 速度 · 43 隐形 · 83 手眼协调

选择你的呼叫信号

超人在行动前确实会躲进电话亭，但不是去接电话。打110是没办法找到超级英雄的——你们可都是神秘的正义使者啊。你不能留个电话号码或邮箱让需要帮助的人联系你，那样他们如果对你的拯救不满意，还会打电话投诉，多麻烦。你得想个办法，让邻居、小区，甚至整个城市的人都能找到你，又不会泄露你的行踪。

打给我

★ 如果你想模仿蝙蝠侠那个招牌式的探照灯投影，你需要设计一个标志，而且一定要能打出漂亮的剪影。先用硬卡纸设计一个小号的标志，把它蒙在一个够大的手电筒前面，在黑暗的房间里照亮它，看一看效果。如果决定沿着这条路继续走下去，那么你只能在夜晚行动了，而且必须是月黑风高的那种。不过这种风格起码很酷，而且对打击犯罪也很有帮助。如果你是个电子专家，可以设计一个遥控按钮，让你的秘密基地亮起红光。

★ 如果你会点儿音乐，当然要设计一个主题曲，这样，在需要你帮助的时候，人们就会奏响这段音乐。这个主题曲必须得令人敬畏并印象深刻。不要让它太欢快或太流行，要让人情不自禁地一遍遍听。短一点，激烈一点，让人们在跟着唱的时候，不会忘了这是一段呼叫信号。

小心假警报： 接到警报别急着冲过去，先为前方可能发生的危险做好充分的准备。蝙蝠侠就是被坏人用假警报引诱掉入陷阱而被抓住的。随时保持警惕。

选择你的呼叫信号

如果你完成了这项任务，
可以在这里贴一颗"成就之星"并填写下面的表格。

☆ **完成**

有事叫我

你设计了什么样的呼叫信号？

通过探照灯打出一个投影 ☐

通过按钮启动一个警报 ☐

通过扩音器播放一段音乐 ☐
其他（请说明）

☐

如果你选择投影，在下方的探照灯里画一
个你的标志（见任务二十四）剪影。

如果你选择了一段音乐，把歌词写在下面
的空白处。

_____

_____

_____

_____

如果你识谱，把曲调也写在下面的五线谱
上吧。

🎼

🎼

无论你选择了何种呼叫信号，都要想好把呼
叫器放在哪里，或者把它交给谁。负责任地
使用呼叫信号是很重要的。你没时间应付那
些假警报或是无聊琐事。所以，你会……

把呼叫器给警官？ 是/否

把呼叫器给市长或者其他官员？ 是/否

把呼叫器放在城市中心？ 是/否

如果是以上方式，你最
终放在了什么地方？

☐

其他（请说明）

☐

**你把这项能力
用在了……
正义？**
☐
邪恶？
☐

📄 **你也可以试着完成以下的任务：**
2 给自己起个名号 · 18 操控自然 · 24 设计一个标志 · 48 选择你的标志物 ·
79 设计你自己的小配件

避开你的致命弱点

危机来临时，任何金钱、科技和武器都没法阻止命运之神弃你而去。如果足够幸运的话，或许还能够找到逃生的方法；如果运气不佳，等着你的可能就是避难所，甚至是一场令人胆战心惊的死亡。你的致命弱点绝对是关键时刻最容易掉链子的地方。好消息是，超级英雄往往都有类似的致命弱点，坏消息是，他们总能在关键时刻克服它们。真是烦死了！

了解你的弱点

★ 一个邪恶天才的致命弱点往往也是成就他们的原因，这也是为什么邪恶天才往往都没有好下场。贪婪就是一个典型的例子。事实上，你可以从七宗罪的列表开始，找出你的致命弱点。

★ 唯一能帮助你、拯救你的是那些爱你的人——那些会雪中送炭，甚至替你上断头台的人。可什么样的人愿意为你这样的怪物做这些事呢？找到这个倒霉蛋，好好珍惜他／她的爱吧。

★ 上面说的都有点悲情，其实还有另外一种方法。致命的弱点往往可以被你身上的一些优秀品质所中和。你要很努力地去挖掘自己的优点，因为我知道在你身上找闪光点实在是太不符合你的性格了。一旦找到了优点，你就要祈祷你的对手——那些超级英雄，真的愚蠢地相信，你已经彻底改邪归正了。那些笨蛋……

一则道德故事：天真的人们都认为安纳金·天行者（《星球大战》中的人物）的坏脾气是他的致命弱点，正是愤怒让他变成了达斯·维德。其实这是他的优势，他真正的致命弱点是他对儿子的爱。为了救卢克，他最终杀死了自己。

避开你的致命弱点

如果你完成了这项任务，
可以在这里贴一颗"成就之星"并填写下面的表格。

完成

───────── **都是你的错** ─────────

在空白处画出或写下
你的致命缺点

列出你的其他
弱点

在空白处写下一种
你的优秀品质

生命危险

解药

───────── **把你的缺点赶走** ─────────

写出那个会舍命救你的人的名字

有其他人知道你的致命弱点吗？还是你一
直保守着这个秘密？

这是个严加守护的秘密

你会舍弃自己的性命救他／她吗？ 是/否

只有和你最亲近的人才知道

如果会，当心这将暴露你的致命弱点。

很不幸，大家都知道了

你的致命弱点是否让你陷入过麻烦？ 是/否

你知道对手的致命弱点吗？ 是/否

如果是，你是怎么摆脱麻烦的？

如果是，你该怎样利用他／她的弱点？

你也可以试着完成以下的任务：

11 扮恶人 · 33 预判对手的下一步行动 · 59 冒险 · 76 制订逃跑计划 · 100 卷土重来

功夫大师

如果你只想学习一种格斗技能，那就学咱们的中国功夫吧。功夫包含了数百种招式，很多都是从动物身上或中国哲学中获得的启发。而且中国功夫不止御敌防身，更讲求对身体、头脑、心灵的提升。换句话说，功夫不单是看着潇洒——更是一种生活方式。

功夫境界

★ 在很多形式的功夫中（尤其是少林），都讲究一个关键的概念——"气"。就和《星球大战》里说的"原力"差不多——那是存在于我们周身和万事万物中的一种能量，可以通过气息转化成行动。试试感受你的"气"，冥想和瑜伽在这方面会有一定帮助。

★ 每个学功夫的弟子都需要一个师父，你可以找一个武术班学一学。"功夫"，正如这两个字所说的，那得下功夫才行。功夫也分硬功和软功。硬功注重将力量通过你的拳脚击打出去；而软功则强调用内在的能量改变对手的进攻节奏，使其失去平衡。有的功夫侧重上半身，有的则强调下盘。不过你最好上下兼修，暴露出弱点会致命的。

★ 一旦走上功夫大师之路，就可以试着创造自己的功夫招式了。不过你的灵感来自于哪里呢？别忘了作为超级英雄或者邪恶天才的身份和你所拥有的那些超能力，这都可以给你灵感，并让你的招式变得独一无二，甚至可以用它当作你的标志性动作啊。

电影中的功夫大师：想要在沙发中舒服地学习功夫，你可以看看李小龙的功夫电影《精武门》、《龙争虎斗》，成龙的《醉拳》、《蛇形刁手》、《超级警察》和李连杰的《黄飞鸿》系列等等。

功夫大师

如果你完成了这项任务，
可以在这里贴一颗"成就之星"并填写下面的表格。

★
完成

—— 功夫之王 ——

拍几张你和助手摆出你想出的功夫造型的照片。别让你的助手抄袭你的姿势，让他自己想一个。

你的动作

在这里放你的
进攻姿势

在这里填写名称

在这里放你的
防守姿势

在这里填写名称

在这里放你最喜欢
的姿势

在这里填写名称

助手的动作

在这里放他的
进攻姿势

这里填写名称

在这里放他的
防守姿势

在这里填写名称

你的功夫技能如何？

★ ★ ★
糟糕　较差　一般

★ ★ ★
好　非常好　完美

你把这项能力
用在了……

正义？ □

邪恶？ □

你也可以试着完成以下的任务：

8 文明地教训别人·10 潜行·15 拯救世界：对抗机器人暴动·16 第六感·25 控制你的脾气·28 平衡·42 你的标志性动作·66 敏捷·83 手眼协调

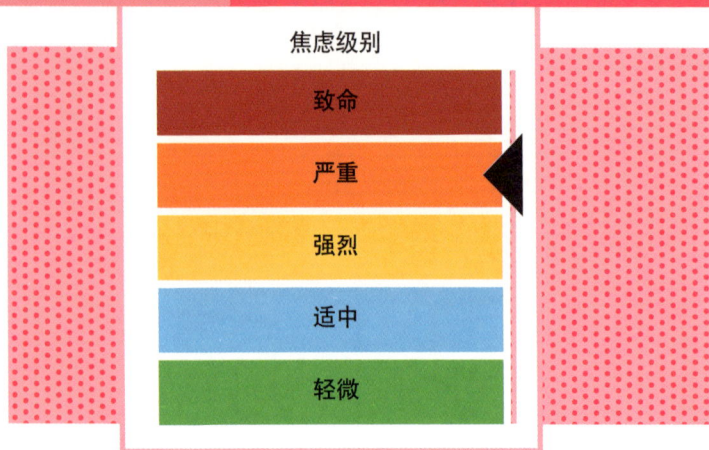

焦虑级别

致命

严重

强烈

适中

轻微

应对压力

人们有不同的方法来应对压力。如果你忙于拯救世界，没时间坐下来喝杯茶，就得找其他办法来缓解压力了。你需要快速有效地消除引发焦虑的根源。为此，你要专注于你的任务，把那些怀疑和焦虑的声音屏蔽掉，别因为它们影响发挥。

保持冷静，继续前行

★ 你可以通过均匀、缓慢地深呼吸来消除压力。瑜伽和冥想都会教你相应的呼吸技巧。

★ 任何有时间限制的任务都会让你的肾上腺素飙升，并给你带来心理负担。让你的朋友给你设定一系列挑战——精神上的、身体上的，或两者都有——你要在严苛的时间限制内完成。

★ 去参加些大型活动，可以是某场比赛、演出、合唱团，甚至电视节目——没有什么比面对大众的目光更让人感到压力了，尤其是背负着他人期待的时候。

★ 如果你喜欢团体运动，尽量多打一些计分的比赛。这是非常棒的练习，可以让你适应那种非胜即败的高压状态。站出来面对挑战就是成功的一半。我们都见过在点球大战里，巨大的心理压力是如何压垮球员的，甚至包括那些伟大的球员。

★ 习惯"截止日期"，尤其是很紧急的那些。你可以去小型的报纸或杂志社做志愿者。

安抚心中的猛兽：听音乐可以提升精神，减少焦虑——不要听太激烈或太悲伤的。多喝水和吃点零食也可以缓解焦虑、补充能量。

应对压力

如果你完成了这项任务，
可以在这里贴一颗"成就之星"并填写下面的表格。

完成

恐慌表

看着日程表，挑选一个你估计会感到恐慌的日子。可能你要参加运动会或者考试。看看你是如何应对压力的。用一天的时间记录你恐慌的程度。表格中的线只是一个示例，你可以在上面画出自己的线，也可以调整时间跨度。

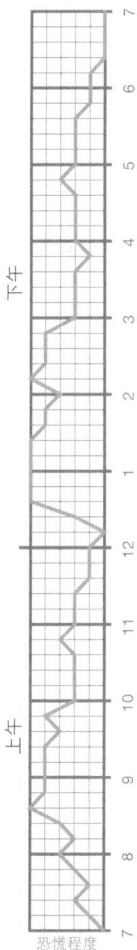

上午　　下午

恐慌程度

快死了
严重
明显
还好
较低
一点儿也不

恐慌程度

你是怎样进行准备的？

开始记录的日期和时间

你在这一天做了些什么？

那一天你是怎样克服压力的？

这一天最放松的是什么时候？

什么时候这达到最大值，为什么？

当感到压力时，
你会……

咬手指？　 是/否

出汗？　是/否

哭？　是/否

哆嗦？　是/否

发脾气？　 是/否

傻笑？　 是/否

总体来说，你觉
得自己应对压力
的表现如何？

☆ 糟糕　☆ 还好

☆ 一般　☆ 不错

☆ 很棒　☆ 超赞

**你把这项能力
用在了……**

正义？ □

邪恶？ □

你也可以试着完成以下的任务：

6 耐力 · 13 克服你的恐惧 · 25 控制你的脾气 · 44 永不言弃 · 59 冒险

维德

卢克 ──┬── 莉亚

（《星球大战》中的人物）

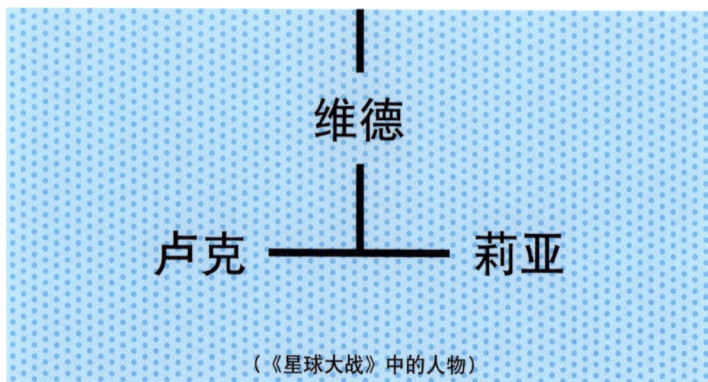

找出你的超级祖先

想想你是什么时候第一次发现自己是个超级英雄的？超级英雄的光辉是一点点照耀到你身上，还是在某一个改变你人生的重大时刻，突然看到了自己作为超级英雄的潜质？

继承我们的地球

★ 如果一出生就有超能力，你肯定想知道这是不是遗传来的。这不意味着你的父母就一定是超级英雄——你也可能是大自然的奇异之子——当然，在仔细观察之前不要轻易下结论。

★ 调查你的家族史。你的亲戚们看到你对家族史感兴趣，一定高兴坏了。他们一定会全力协助调查，而不是总问你考试成绩如何。一般家族史的调查要做大量的工作——要是想发掘出家族中那些鲜为人知的秘密就更难了。你可以先调查你的祖先是做什么的，生活在什么地方，是什么样的人。如果你发现有一个隐居山林的曾曾外祖父之类的，那可要好好调查一下。

★ 如果你查遍自己的家族史还是没有找到答案，就只能构想一个故事了。你可以写一段简短的说明，解释自己是怎么拥有这项独特能力的。是由于一次意外（比如被闪电击中），还是哪次科学实验出了差错？小时候有没有过什么悲惨的经历让你从此决心用独特的方式守护正义？你是什么时候第一次戴上超级英雄面具的（如果你有）？

家族丑闻：当挖掘家族的过去时，你可能会发现各种黑暗的秘密。如果你发现了确凿的证据，证明你家几代人都曾经是大反派，那么你也要提醒自己保持坚定的信念，以防哪天突然动了邪念。

找出你的超级祖先

如果你完成了这项任务，
可以在这里贴一颗"成就之星"并填写下面的表格。

☆
完成

起源于柠檬

看看你的家族史，试着找找有没有什么线索指示出你家祖上有个超级英雄。可能是哪个祖先经历厄运却活了下来，或者是突然神秘地消失了……

过去 ↑

出生年份	家庭成员姓名	事迹中可能是超级英雄的线索
0 0 0 0		
去世年份*	和你的关系	
0 0 0 0		

出生年份	家庭成员姓名	事迹中可能是超级英雄的线索
0 0 0 0		
去世年份*	和你的关系	
0 0 0 0		

出生年份	家庭成员姓名	事迹中可能是超级英雄的线索
0 0 0 0		
去世年份*	和你的关系	
0 0 0 0		

现在——你的信息

你的出生年份		
0 0 0 0	你的超级英雄名号	列出你遗传到的特殊能力

如果你找超级祖先找得直挠墙，干脆为自己的超级英雄天赋设计一套理论基础吧。

这一切都源自于……

你把这项知识
用在了……

正义？
□

邪恶？
□

*没去世可不能乱写

📄 **你也可以试着完成以下的任务：**
1 发现你性格的另一面·4 拥有一段曲折的过去·26 了解你的弱点·31 找出你的对手·
68 避开你的致命弱点·86 保守顶级秘密

说上百种语言

　　"拯救世界"这项伟大的事业会带你去遍各个国家、各个角落，甚至离开地球表面。试想，如果不能和大众、各国首脑、安全部队，甚至你的对手顺利交流的话，你的超人行动会很快失败。如果语言不通，你要怎样和坏人谈判？怎样告诉人们"危险，快跑"？

舌头打结

　　★ 最理想的情况是掌握全部六千七百种地球语言，但显然没办法一下学完，所以试着掌握几种常见的语言，这样在大多数紧急情况下也够用了。这几种常见语言（按使用广泛的程度顺序排列）是：中文、阿拉伯语、英语、西班牙语、孟加拉语、印地语、葡萄牙语、俄语和日语。掌握一些拉丁语、古希腊语，以及希伯来语也不错——这对破解古老的手稿和预言书很有帮助。

　　★ 把紧急情况下你可能会用到的短语列成一个单子，比如："小心身后"、"我宁愿死也不会求你放我一条生路的"、"早晚有一天你会遭报应的"、"这个世界上还有比你我更重要的事"、"不要那么做"、"有谁看见一个长着三个脑袋的绿色怪兽刚从这里经过吗"，用你选定的语言学习说这几句话。

　　★ 如果所有人类语言学习计划都失败了，那么至少学一些手语。因为你可能会成为这个星球的守护者，或者要领导人们抵抗外星人入侵，所以一种全世界通用的、非口头类语言可能会派上大用场。

　　脑洞大开：学会所有人类语言还不够。你可能还要和自然、动物、科技，以及神灵交流。所以尽早开始练习过目不忘的本领吧。

说上百种语言

如果你完成了这项任务，
可以在这里贴一颗"成就之星"并填写下面的表格。

完成

───── **超级手势** ─────

手语在全世界都是通用的。竖起大拇指在世界大多数地方的意义都一样（不过在中东以及宇宙的深处，它表示侮辱，可能会让你陷入麻烦）。想几个紧急情况下，所有民族都能意会的手势。以下面几个短语为例，在格子里画出你发明的那些手势。

小心身后!

小心!
前方有危险

你一定可以的!

我是来帮你的!

我身上有武器，
不要惹我!

别那么做!

───── **其他语言** ─────

有机会的话，还是应该学一学其他语言中的关键短语，万一有人无法看见你，或者因为各种原因你没法做手势。从上面选择一个短语，并学习用至少三种语言说出来。

你想要表达的意思

用第一种语言说

你想要使用的三种语言分别是

用第二种语言说

用第三种语言说

你把这项能力
用在了……

正义? □
邪恶? □

📖 **你也可以试着完成以下的任务：**
3 学会飞・7 破解晦涩谜语・22 和动物交流・23 统治世界的邪恶计划・80 方向感・97 眼观六路，耳听八方

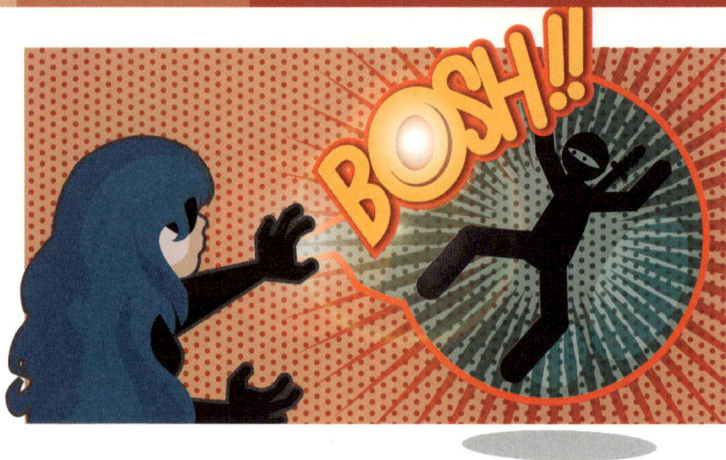

造一个力场

　　说实话，一个人能承受的击打是有限的，超人的身体同样如此。通常来说，盾牌不大容易挥舞，它们也有大小和力量的限制。要想真正无敌，你还得学会制造一个力场。这里有一些点子可以帮忙。

力场日

　　★ 你可以从这个简单的实验开始。首先，请你的助手举起双手，做即将鼓掌状。然后把你的双手放在他的双手之间，并慢慢向外用力，与此同时，你的助手必须向内使劲，尽最大努力抵挡你的力量。保持这个平衡……过三十秒后，你的助手就可以把手放下了。这个时候试着合拢你的手掌，是不是可以感受到一股向外推的力量？

　　★ 吹两个气球，拿绳子扎住气口，拿气球和你的头发摩擦。再用一只手牵着绳子，让它们飘起来，看看会发生什么。通过摩擦，气球会带上负电荷。而带着相同电荷的两个物体会相斥，所以两只气球会相互远离——就好像它们中间产生了一个力场一样。假使将来你受到很多气球的攻击，千万不要忘了这一招。你也可以再好好想想，看看这个本领是否还能用在别的地方。

　　★ 如果你的意念控制本领已经练好，仅仅用大脑的力量也可以制造一个力场。把注意力放在我们周围的电磁场上，说不定就能改变它。

　　难以置信：要知道，不光是你，科学家们也不断在寻找获得"超能力"的办法。以力场为例，现在有很多研究和"等离子体"（以自由电子和带电离子为主要成分的物质形态，常被视为物质的第四态）相关，等离子体在受热之后，会变得难以穿透。

造一个力场

如果你完成了这项任务，
可以在这里贴一颗"成就之星"并填写下面的表格。

力场游戏

游戏目标：保卫你的力场，挡掉助手投掷过来的任何"子弹"。

需要准备：一名助手、一支粉笔、一个线球、一些海绵、一桶水、自己选择的盾牌、一块可以练习的空地

3. 选一个物体做你的盾牌，来阻挡湿海绵"子弹"。这个物体可以是托盘、网球拍或雨伞。

1. 选择一个中心点，绕着它画一个圆作为你的力场。有一个好方法可以快速画圈：首先在线球的一端缠上粉笔，再把线球交给助手，请他站在中心点的位置，以你希望的半径长度拉出毛线，你拉紧线的一端，用粉笔围着他画一个圆。

2. 确定好力场之后，请你的助手再多放一点毛线，你便可以再画一个更大的圆。游戏开始后，助手不能踏入这个更大的圆。

外圈：助手的界限
内圈：你的力场

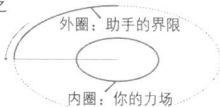

4. 站在力场里，用盾牌挡住助手扔过来的任何子弹。任何子弹，只要落入力场中，你的助手就可以获得一分。要是有子弹直接砸中你，助手还可以获得额外加分。每次子弹被你打出力场之外，你也可以获得一分。如果被你阻挡出去的子弹砸中助手，你可以获得额外加分。猜猜谁会先湿透？

5. 这一轮结束后，你可以和助手换一下，当一次投掷者。

第一轮

你选择了什么作为你的盾牌？

把比分写在下面

你　|0|0|　　助手　|0|0|

你出了多少汗？
还好　出了一点　很湿　湿透了
☐　☐　☐　☐

第二轮

助手选择了什么作为他的盾牌？

把比分写在下面

你　|0|0|　　助手　|0|0|

他出了多少汗？
还好　出了一点　很湿　湿透了
☐　☐　☐　☐

你把这项能力用在了……

正义？
☐　　☐ 邪恶？

📄 **你也可以试着完成以下的任务**：
33 预判对手的下一步行动·41 变成科学天才·45 拯救世界：对抗恐怖怪兽·52 心灵遥感·68 避开你的致命弱点

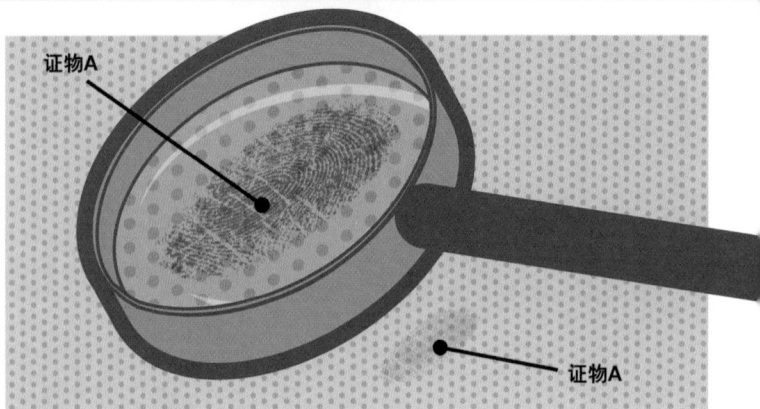

证物A

证物A

发现和破解线索

你不可能每一次都赶在坏人作案前抓住他。案件发生之后，你要尽快破案。想要当好超级英雄，必须先当好侦探。确保已经准备好了必要的工具和技能，在那个狡猾的坏人准备再一次出击之前逮住他。

研究你的线索

★ 首先要看护好案发现场。确保没有人在现场捣乱，还要检查你的对手是否藏在附近。

★ 想一想，坏人是怎么进来的，又是从哪里逃走的。他留下的一切东西都值得你好好研究——脚印、纸屑、衣物和武器，先拍照，再把它们打包带走检查。你的超级视力（或者是一个放大镜）能够帮助你看到不那么明显的线索，比如头发、线头、划痕，还有指纹。记住，你可以从表面光滑的物体上提取指纹。关于提取指纹，右页会更详细地介绍。

★ 如果找到任何带文字的证据，要想想它们能说明什么？如果是手写的，别忘了把它们当作指纹一样归档，说不定哪一天你就会发现一个匹配的线索。

★ 把现场的目击证人都找来，询问他们一些问题（见任务八十七）。你会扮演好警察还是坏警察？用你的测谎本领发现真相。如果你觉得某一个证人有所隐瞒，也不妨用上心灵感应的本领。

★ 学习像对手一样思考。他们是怎么逃走的？作案动机是什么？试试能否拼凑出一个完整的犯罪心理侧写。

重点线索：有很多大反派同时也是超级自大狂，有些为求出名的罪犯甚至会在现场留下标志物。如果找到了这类线索，记住要把它们和已有的类似线索进行比对。以防你手中的只是一个"盗版者"。

发现和破解线索

如果你完成了这项任务，
可以在这里贴一颗"成就之星"并填写下面的表格。

完成

—— 提取指纹 ——

有一个简单的方法可以帮助你提取指纹。把一些细微的颗粒（比如面粉，或者可可粉）撒在有指纹的地方，再用羽毛轻轻地把多余的颗粒扫掉。剩下的颗粒会粘在手指留下的油脂上。用一段干净的胶带盖住这个指纹，并稍稍用力，使指纹转移到胶带上。小心地将胶带撕下来，然后把它贴在一张卡片上。恭喜，现在你有了一个新鲜指纹。

从家里提取一个指纹。推测是谁留下的。把它贴在A框里。

把你提取的指纹　请"嫌疑人"在
贴在这里　　　　这里按下手印

你觉得这是谁的指纹？

现在用印泥，提取那个"嫌疑人"的所有指纹。

有没有匹配的？　　　　　　　是/否

如果有，请他／她在B框里按下相匹配的手印。

—— 得出你的结论 ——

搜集到所有证据之后，你需要重新还原事件的真相。下一次到达犯罪现场的时候，这张表可以帮助你分析所有的线索。

罪名 [　　　　　　　　] 　受害者 [　　　　　　　　]

地点 [　　　　　　　　] 　日期 [｜｜｜｜｜｜｜]

你的侦探能力
如何？

差　　　　过得去

中等　　　　优良

非常好　　　卓越

有没有……的证据	线索	结论
进入和离开方式		
犯罪时间		
罪犯身份		
犯罪动机		
内应或者同伙帮助		
翻找痕迹		
打斗痕迹		

你把这个信息
用在了……

正义？ □
　　　　邪恶？ □

你也可以试着完成以下的任务：
33 预判对手的下一步行动・55 破解密码・57 过目不忘的能力・63 观察技巧・87 审问・
89 识破别人的谎言

拯救世界：免于环境灾难

环境灾难可能是人们经常谈论的灾难里最可能发生的。尽管每个人都可以减少碳的排放和浪费，但是只有借助超人的力量才能真正扭转采伐森林、污染、资源匮竭和全球变暖带来的灾难性后果。

如果你受不了全球气候变暖……

★ 离开这个地球吧。但这是最坏的打算，而且会显得你"只顾自己"。所以，试试下面的选择。

★ 超级英雄再厉害，也不如自然的力量大。不过，和其他类型的对手不一样，你不需要打败自然，而是要学会和它共生。最好的办法是先研究地球的生态系统，想一想，我们和自然的需求如何能够达到平衡。研究、观察，不断学习。知识就是力量。

★ 榜样的力量永远是巨大的。让人们看到他们可以帮助你做的事有很多。召集你的超人队伍，一起来做些了不起的节能环保的事情吧。

★ 作为一个超级英雄，你应该比别人更能自给自足。把尽可能减少使用外界生产的商品作为目标，监测你的浪费和回收利用情况，争取做得更好。

环境大战：如果全球气候变暖是一场战争，那么对阵的双方可能是烟囱和树林。作为树林的队长，你需要更多的士兵。快和助手想一想，怎样才能多种些树。

拯救世界：免于环境灾难

如果你完成了这项任务，
可以在这里贴一颗"成就之星"并填写下面的表格。

完成

机密文件

环境灾难
—— 认识你的对手 ——

环境灾难降临前会有一些先兆。试着找出它们，并采取相应的措施。

你是否意识到当地的……

蜜蜂越来越少？ 是/否　　水灾增加？ 是/否

罕见的高温/旱灾？ 是/否　　空气质量下降？ 是/否

海水或河水被污染？ 是/否　　绿植减少？ 是/否

你是否注意到有可信证据表明……

臭氧层存在破洞？ 是/否　　海平面升高？ 是/否

森林被砍伐？ 是/否　　冰盖融化？ 是/否

其他（请说明）

悲观的结论

乐观的结论

你需要一个行动计划，你会……

详细说明你打算如何执行计划

拯救濒危物种？ 是/否

做到自给自足，并让别人也这么去做？ 是/否

尽量降低碳排放量，并让别人也这么去做？ 是/否

参加环保运动？ 是/否

放弃地球，移民外星？ 是/否

如果你拍下了环境恶化的照片，请把它贴在这里

你把这项能力用在了……

正义？ 　邪恶？

你也可以试着完成以下的任务：
18 操控自然 · 46 选择一个使命 · 58 耐热又抗冻 · 63 观察技巧 · 78 当个楷模 · 99 集结超级团队

制订逃跑计划

达成了邪恶目的，并不代表成功，还要确保自己不会被抓住。你的逃跑计划是派对结束之后通向自由的门票。说得好听一点，它也叫"战略转移"。因此，制订逃跑计划和制订犯罪计划同等重要，一旦逃跑计划A失败，还要有逃跑计划B才行。

能进能出

★ 不管在哪里指挥行动，身边最好常备逃跑工具。理想状态下，这个交通工具必须被你藏得很好——千钧一发时刻，出其不意，没有人会挡住你的路，也不能让它被偷走。

★ 学会分散对手的注意力，这样在交锋失败的时候能偷偷开着藏起来的交通工具逃走。不让超级英雄将你捉拿归案的最好办法就是给他们制造一个无法拒绝的新任务，将超级英雄的心上人缓缓降入鳄鱼池就是一个好办法。他们忙着英雄救美，这时你就可以逃之夭夭了。

★ 如果爱管闲事的超级英雄发现了你的行动，他们很可能早已发现甚至摧毁了你的秘密总部。你需要一个更保密的地方躲避风头，重新谋划，准备东山再起。

熟悉你的环境：不管你身处何方，记住所有入口和出口都是头等大事。画一份秘密总部的平面图，事先想好所有可能的逃跑路线，以及在哪里放关键的辅助工具，比如绳索，这样会更容易逃跑。

制订逃跑计划

如果你完成了这项任务，
可以在这里贴一颗"成就之星"并填写下面的表格。

☆
完成

——— 快跑！———

你需要逃离犯罪现场，尽快回到秘密基地。当心路上不要撞上任何管闲事的警察、超级英雄，或是其他意外的埋伏。（答案在本书最后）

你也可以试着完成以下的任务：
9 选择一个助手 · 10 潜行 · 33 预判对手的下一步行动 · 43 隐形 · 61 选定你的秘密基地 · 63 观察技巧 · 91 设计你的超级座驾

X光透视

　　有些超能力是与生俱来的，有些超能力是后天学会的，还有些超能力是别人给你的。如果不是一出生就具有X光透视的能力，又怎么学也学不会，别急，只要有人给你一副X光眼镜，说不定你就能立马拥有这项超能力。

看透你

　　★ 首先，试试你是不是生来就有X光透视的能力。找一堵墙，使劲儿地盯着看。记住不要眨眼。你能不能看见墙对面是什么？什么都看不见？没关系，接着看第二步。

　　★ 在右页，我们会教你按传统的方法制作一副X光眼镜。在此基础上，你可能还需要做一些调试。相信你这个科学天才一定能轻松掌握这门技术，没准还能进一步改进它的功能，使其在外形上更配你的着装。

　　★ 试一下你的X光透视镜。可以从透视轻型的材料开始，比如纸和布料，再试试木头、石膏、金属和混凝土。切记，真正的超级英雄是不会用超能力去偷窥别人的内衣的，那是十分愚蠢的错误。

　　★ 如果实验不幸失败，还有其他的方法可以监视墙背后的对手。找一面小镜子，或者其他反光材料，伸到门下，或是绑在棍子上观察四周的死角。

无处可藏：最新的机场X光检测仪会向站在隔间里的旅客发射电磁波，从而检测是否偷带了武器。同时，机场安保人员会看到乘客们的虚拟3D裸体形象。毫无疑问，机场是否应该使用这种检测仪是相当有争议的。

X光透视

如果你完成了这项任务，
可以在这里贴一颗"成就之星"并填写下面的表格。

── X光眼镜 ──

需要准备

一副眼镜、胶水、纸板
（麦片盒子就行）、剪
刀、一个打孔机、几根羽
毛（枕头中细小的白色羽
毛就行），彩笔／颜料

如何做

1. 把自己的眼镜或者右边
的模型摊在纸板上，沿着
边缘画两个镜框的轮廓，
并把它们剪下来。

2. 把其中一个镜框举在眼
前，自己（或者请你的助
手）在上面标出两个瞳孔
的位置。接着将两个镜框
重叠，用打孔机在瞳孔的
位置打上孔眼。

3. 在一个镜框的两个小孔
周围点上胶水，将一些羽
毛粘在小孔上。在镜框的
其他地方也涂上胶水，将
第二个镜框和第一个镜框
粘在一起。此时，羽毛就
会被两个镜框夹在中间。

101 件事儿
养成超级英雄或邪恶天才

4. 下一步就是要装饰你的X
光眼镜了（螺旋花纹永远不
会过时）。给它装上纸做的
或者橡皮筋做的镜架（就像
眼罩一样）。

给你的X光眼镜打分

外形　　舒适度　　效果

| 总分 10 | 总分 10 | 总分 10 |

你能看见手上的
骨头吗？ 　是/否

你能解释X光眼镜
背后的原理吗？ 　是/否

能的话，请写在下面

你把这项能力
用在了……

正义？ 　　邪恶？

你也可以试着完成以下的任务：

5 超级视力 · 27 夜视能力 · 43 隐形 · 49 打磨你的道德感 · 57 过目不忘的能力 · 63 观察技巧

当个楷模

　　想想有影响的历史人物，他们都不是看到不公正的事情发生，却只会坐在那里抱怨的人。他们也不是因为看到别人犯错误就批评和责备而闻名。相反，他们一定会站出来，做些什么。也许这不是大多数人的特质，但是要想当个超级英雄，你一定要具备这种品质，才能鼓舞别人。

超级榜样

　　★评估你对别人的影响，例如你的家人、朋友，还有那些跟你关系没那么近的人。他们会不会听你的意见？你会成为讨论和决定的焦点吗？

　　★当楷模并不意味着别人要按你说的做。毕竟，行动要比口号来得更实在。如果你觉得有件事值得做，那就去做吧。看到有人乱扔垃圾，不要抱怨或是撒手不管——捡起来扔进垃圾桶，或捡起来还给他，看看他们的反应。

　　★要想有影响力，你需要在别人都退缩的时候有站出来的勇气。下一次如果你的朋友不分青红皂白地指责一个人，不妨站出来帮那个可怜的人说几句话。他可能很快就会改变态度，同意你的观点。

　　★从小事开始，制造一些潮流。有了一定的追随者以后，你可以做出更大的改变（比如把内裤穿在外面等等。可这样是不是就暴露身份了？）。

说到做到：如果说了要做什么事情，请一定做到。言语一定要配合行动才能赢得别人的尊敬。记住在一些场合最好不要说话——在特定的环境中，如果想不引人注目，你就要保持低调。

当个楷模

如果你完成了这项任务，
可以在这里贴一颗"成就之星"并填写下面的表格。

完成

你的影响范围

花点儿时间，观察周围的人是否受你影响。给自己的影响力打个分。

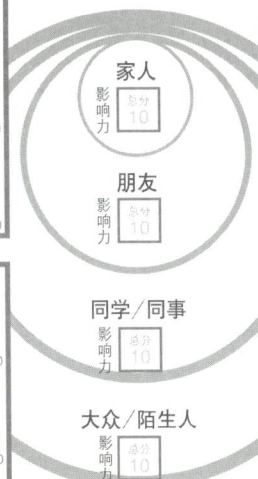

家人
影响力 总分 10

朋友
影响力 总分 10

同学／同事
影响力 总分 10

大众／陌生人
影响力 总分 10

原来你这么有影响力，下一步请确保自己把这个超能力用在好的方面。

家人

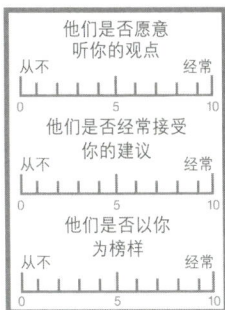

他们是否愿意听你的观点
从不　　　经常
0　　　5　　　10

他们是否经常接受你的建议
从不　　　经常
0　　　5　　　10

他们是否以你为榜样
从不　　　经常
0　　　5　　　10

朋友

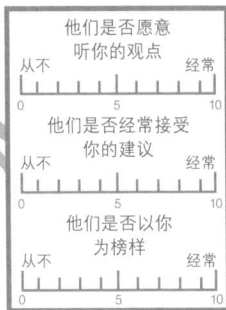

他们是否愿意听你的观点
从不　　　经常
0　　　5　　　10

他们是否经常接受你的建议
从不　　　经常
0　　　5　　　10

他们是否以你为榜样
从不　　　经常
0　　　5　　　10

同学／同事

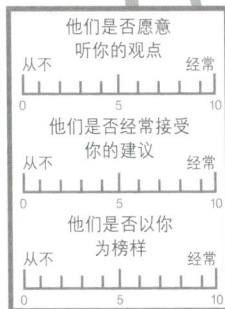

他们是否愿意听你的观点
从不　　　经常
0　　　5　　　10

他们是否经常接受你的建议
从不　　　经常
0　　　5　　　10

他们是否以你为榜样
从不　　　经常
0　　　5　　　10

大众／陌生人

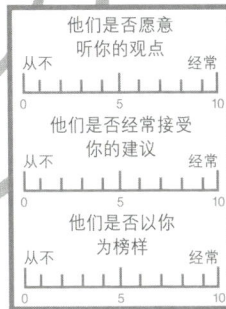

他们是否愿意听你的观点
从不　　　经常
0　　　5　　　10

他们是否经常接受你的建议
从不　　　经常
0　　　5　　　10

他们是否以你为榜样
从不　　　经常
0　　　5　　　10

写一件家人在你影响下做的好事

写一件朋友在你影响下做的好事

写一件同学／同事在你影响下做的好事

写一件陌生人在你影响下做的好事

你也可以试着完成以下的任务：
8 文明地教训别人·35 找机会帮助他人·46 选择一个使命·93 提高你的说服力·
96 由我带头·99 集结超级团队

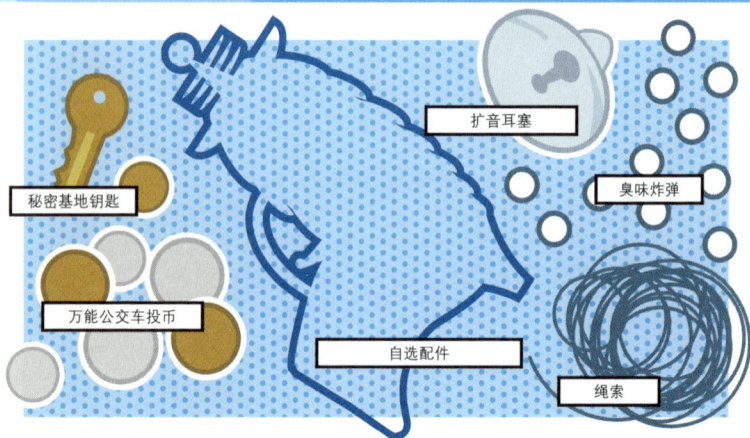

扩音耳塞

秘密基地钥匙

臭味炸弹

万能公交车投币

自选配件

绳索

设计你自己的小配件

　　一旦拥有满意的身份之后，你可以开始设计超级英雄或者邪恶天才专属的小配件了。这些小配件在淘宝或者跳蚤市场上肯定找不到。愿望清单上的这些小物件必须由你自己来设计，因为只有你最了解自己想要什么。

开始吧！

　　★ 每个超级英雄都有一个工具腰带，有了它你就可以抓罪犯、虎口逃生，或者耍酷。列一个工作中会用到的小配件清单（对，如果你还不会飞，一些可以帮助飞行的小配件就很有必要）。你要携带的小配件最好都是轻便型的。那些笨重的装置还是留在基地吧。

　　★ 同时考虑进攻和防守的需要，小配件既要易于组装，也要易于销毁。你可能很自然地想要一大堆时髦的科技装备，但最需要的还是求生用的基本装置，比如膏药和安全火柴。

　　★ 在清单最终确定以后，就可以着手画草图了。你设计的小配件需要和着装保持一致，同时还得是身份的象征。可以给它们取一些酷酷的名字，别忘了在它们上面印上你的标志。如果没把握，就先用硬纸板做出一些原型产品，看看大致效果会怎样。

　　★ 如果还不具备木匠、机械师或者铁匠的技能也没关系，你可以试着把现有的小设备改造成需要的配件。尽情发挥创造力吧，一个废旧的垃圾可能就是下一个高科技追捕神器。

学会取舍：如果你旅行时经常行李超重，如何取舍就是必须练习的本领。当然，聪明的你可以设计一些多功能的小配件，这样出门时就不用背着一口大黑锅了。

设计你自己的小配件

如果你完成了这项任务，
可以在这里贴一颗"成就之星"并填写下面的表格。

★ 完成

做一个工具腰带

你是否拥有一堆奇妙的小配件，却无法把它们都带在身边？如果你学会如何做一个工具腰带，将再也没有这些烦恼了。现在就开始搜集各式各样的迷你麦片盒，很快就能全副武装了。

需要准备

各种包装的迷你麦片盒、一把剪刀、一条皮带、彩色颜料

如何做

1. 从第一盒麦片开始，吃光里面的麦片。

2. 设计你的麦片盒外形，把它画成你想要的样子。

3. 在盒子的后面开两个小缝。

4. 用皮带穿过这两个小缝。这样麦片盒就吊在皮带外面了。

5. 多找一些空麦片盒子，用同样的方法把它们都挂在皮带上。

6. 把你的小配件都放到盒子里去。

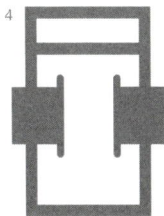

发明榜

写出两个你自己发明的小配件

还有其他的？写在这里

你最喜欢的小配件是

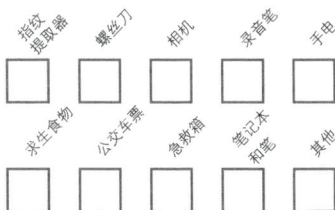

你的工具腰带里还装了些什么？

指纹提取器 螺丝刀 相机 录音笔 手电

求生食物 公交车票 急救箱 笔记本和笔 其他

你的小发明的实用性如何？

★ 特别糟糕 ★ 糟糕 ★ 一般
★ 好 ★ 非常好 ★ 没它不行

你把这些工具用在了……

正义？□ 邪恶？□

你也可以试着完成以下的任务：
3 学会飞·17 选择你的着装·24 设计一个标志·32 做一把反派专用椅·41 变成科学天才·64 时间旅行·77 X光透视

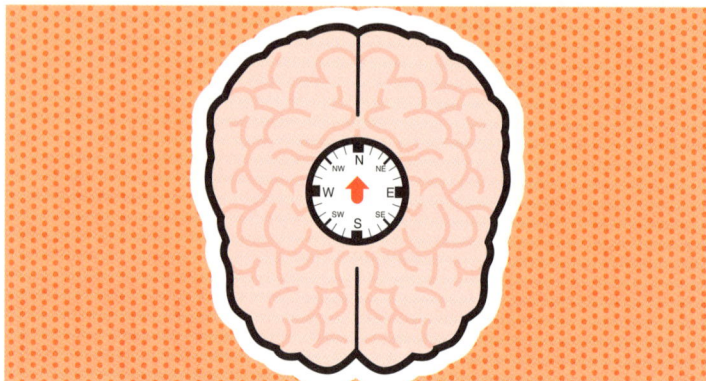

方向感

当一个超级英雄或邪恶天才固然风光——你可以在空中和水里快速俯冲，还可以跑得飞快。但如果不知道方向（在哪里，要去哪儿，甚至怎么回家），那可就麻烦了。千万不要因为迷路而导致任务失败。

认路的办法

★ 从空中看世界，一切都会变得非常不同。在任务开始之前，最好先用谷歌地图查一下路线，有必要的话还应该熟悉下目的地的航拍照片。这样就可以提前规划好藏身之处以及逃生线路。

★ 知道世界各国的国界线在哪里，以及各大城市的名字和地理位置很重要。用右页的小测试检验自己能否依据常见的地标和轮廓，认出那些国家和城市。抓紧复习任务地点的各类地理数据，想办法记住目的地的照片和常见事物的名字，这样在陌生的地方才不会失去方向感。

★ 使用地图和指南针没什么丢人的，但确保使用方式是对的，不然会陷入真正的危险，而且看起来会像个傻瓜。参加野外生存小组，多练习读地图的本领。如果你觉得自己足够聪明，还可以学习用经度和纬度坐标来确定位置。

太阳，月亮和星星：它们都可以帮你辨别方向。例如太阳总是从东方升起，西方落下。如果月亮在太阳落山前就升起了，它明亮的部分会大致指向西方。在北半球，北斗星上方那颗明亮的星星（北极星）指向北方。

方向感

如果你完成了这项任务，
可以在这里贴一颗"成就之星"并填写下面的表格。

完成

───────── 感知危险 ─────────

在你满世界飞、忙着拯救或毁灭地球的时候肯定不想迷路。从这个小测试开始，学会从高处辨认重要的建筑。

你能从上方辨认出
这些建筑吗？

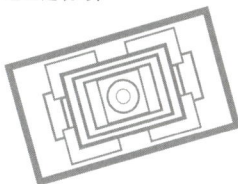

白金汉宫伦敦，英国	威利斯大厦芝加哥，美国	帝国大厦纽约，美国	克莱斯勒大厦纽约，美国	哈里发塔迪拜，阿联酋	埃菲尔铁塔巴黎，法国	加拿大国家电视塔多伦多，加拿大	伦敦电视塔伦敦，英国	旧特拉福德球场曼彻斯特，英国	鸟巢北京，中国	悉尼歌剧院悉尼，澳大利亚	卓美亚帆船酒店迪拜，阿联酋
☐	☐	☐	☐	☐	☐	☐	☐	☐	☐	☐	☐

图中的天际线属于哪座城市？

伦敦	东京
☐	☐
芝加哥	香港
☐	☐

巴黎	迪拜
☐	☐
纽约	悉尼
☐	☐

你能仅凭地图轮廓认出这些国家吗？

你把这项能力
用在了……

正义？ ☐

邪恶？ ☐

秘鲁	智利	哥伦比亚	巴基斯坦	土耳其	阿富汗	新西兰	意大利	墨西哥
☐	☐	☐	☐	☐	☐	☐	☐	☐

（答案在本书最后）

───────────────────────

你也可以试着完成以下的任务：
3 学会飞 · 18 操控自然 · 57 过目不忘的能力 · 58 耐热又抗冻 · 63 观察技巧 ·
97 眼观六路，耳听八方

迅速做出正确的决定

　　超级英雄通常要在几秒钟内就拿定主意，而且很多都是生死攸关的决定。之所以犹豫不决，很可能是因为你习惯于权衡一件事的全部优点和缺点；也有可能是你对自己的判断缺乏自信，需要别人的认可或直接告诉你如何去做。

该做什么，不该做什么？

　　★ 选择一天，在这一天里你要为别人做决定。每一次他们（例如你的助手）面临选择的时候——该做什么，什么时候做，以及怎么去做——都需要来问你的意见。要知道，如果不用承担后果，或者说风险不大的时候，做决定会相对容易。但是，如果你要负责一群孩子的安全，就要认真思考如何做决定了。

　　★ 相信直觉。记录你在某一天之中的全部直觉。比如早晨醒来，你可能会感觉"今天将会是美好的一天"；出门后看到阴天也相信太阳一定会出来；在看表之前先猜猜几点了等等。看看到底准不准。

　　★ 时间越紧迫，做决定就越艰难。在遇到下面的情况时，只给自己十秒钟时间做决定：聚会前要穿什么衣服；在餐馆里点什么菜。你是否做出了正确的决定？如果有时间考虑，选择是否会不同？其实有些时候，时间的限制反而能够帮助你集中注意力。

做决定：做决定的时候一定要想想风险。可能的话，准备一套备用计划。有时候，没有一个所谓的正确决定。做那个你认为最对的选择，竭尽全力让它成功。

迅速做出正确的决定

如果你完成了这项任务，
可以在这里贴一颗"成就之星"并填写下面的表格。

⭐ **完成**

— 决定 —

有时候，不如让命运来做决定。作为最后的手段，或者纯粹为了增加一点乐趣，你可以用这个轮盘来帮助做决定。

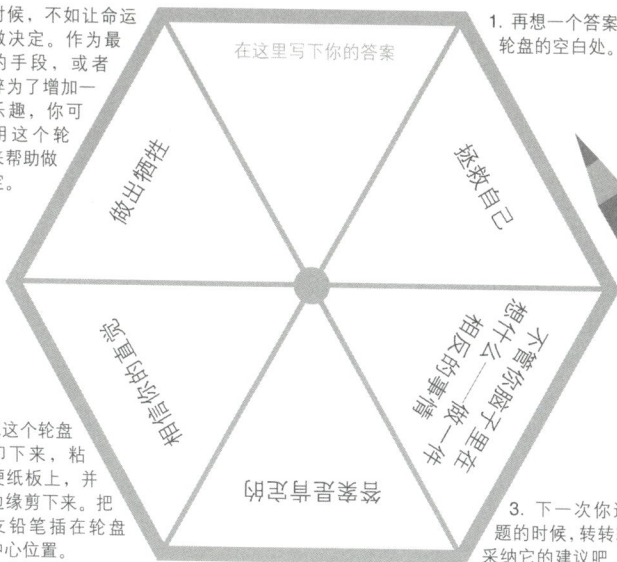

在这里写下你的答案

做出牺牲

拯救自己

相信你的直觉

背叛某个朋友

找什么东西上赌一把——输一把

1. 再想一个答案，填在轮盘的空白处。

2. 把这个轮盘复印下来，粘在硬纸板上，并沿边缘剪下来。把一支铅笔插在轮盘的中心位置。

3. 下一次你遇到难题的时候，转转轮盘，采纳它的建议吧。

把你的难题写在这里，然后旋转轮盘。

_____
_____
_____

轮盘是否解决了你的困难？ 是/否

命运告诉了你什么？

_____
_____

你最后采取了什么行动？

_____
_____
_____

你把这项能力用在了……

正义？ ☐　邪恶？ ☐

📄 **你也可以试着完成以下的任务**：
19 知道你应该先救谁·20 学会一心二用·29 解决不可能的问题·53 冷酷无情·70 应对压力·96 由我带头

经济头脑

　　爱财是一切罪恶的根源。所以，作为邪恶天才的你一定积累了大量的金钱。你深谙生财之道，乞讨、借钱或是偷盗，这些低技术门槛的方式是邪恶天才所不齿的。用合法的渠道取得金融界的一席之地有诸多好处：你不那么光彩的秘密事业从此有了体面的幌子，你会认识有影响力的朋友，并学到商业管理和规划相关的知识——这一切在统治世界的时候都能帮助你。

生财有道

　　★ 你最擅长什么？能否把你的特长变成赚钱的本领？如果你的创造力很强，何不开始卖些手工制品？例如珠宝、衣服或蛋糕。如果你热爱运动，能不能考虑给懒惰的人打工，例如修剪草坪、装修室内，或是遛狗。再有，如果想赚钱，垃圾也能变成宝——还不用花钱呢。

　　★ 做个研究，看看你的商品或者服务是否有竞争力。比如别人都要价多少。

　　★ 划定你的潜在客户群，并想办法联系上他们。可以派发传单，建一个网站，在当地的报纸上打广告，或是打折促销。如果有客户对你的产品或服务特别满意，别忘了告诉他们，介绍朋友来也可以享受折扣哦。

　　★ 在你赚到了一笔钱之后，学会让钱为你工作。寻找扩大商业的办法，或是对他人进行投资，慢慢的，就能扩大你的帝国。当然，这么做之前，还是要多做一些调查和研究，最大程度地减少风险。

做好账目：你应该记下所有的进账和出账，了解你在这个生意上花了多少钱，收获多少钱，以及利润是多少。记住，要为日后不时之需留一点积蓄，剩下的就尽情做邪恶的投资吧。

经济头脑

如果你完成了这项任务，
可以在这里贴一颗"成就之星"并填写下面的表格。

☆
完成

—— 为统治世界存款 ——

统治世界是一项花钱的差事。现在就想一想有什么赚钱的妙招，并开始积累资金。你可以把挣的每一笔钱都记在这里。

把你赚的数额
写在硬币里

在这一栏写下你都是怎么赚钱的

工作一

工作二

工作三

工作四

工作五

工作六

工作七

工作八

工作九

工作十

工作十一

工作十二

工作十三

每周你能赚多少钱？

¥ 0 0 . 0 0

一个月呢？

¥ 0 0 0 . 0 0

一年呢？

¥ 0 0 0 0 . 0 0

你也可以试着完成以下的任务：
23 统治世界的邪恶计划・32 做一把反派专用椅・33 预判对手的下一步行动・
40 理解肢体语言・53 冷酷无情・59 冒险

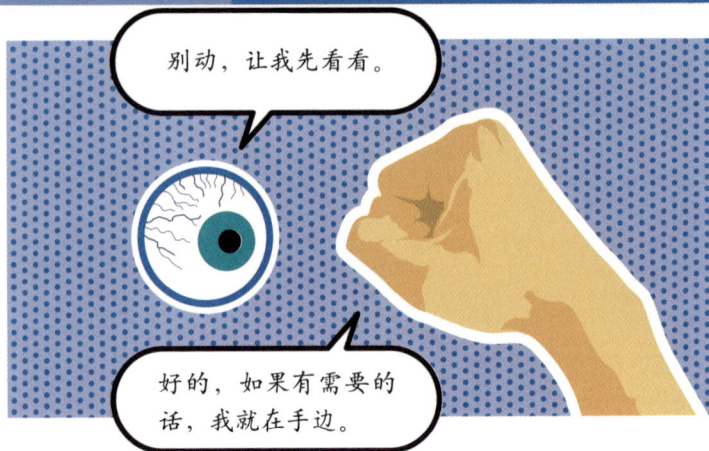

别动，让我先看看。

好的，如果有需要的话，我就在手边。

手眼协调

协调地操纵像人体这么复杂的系统不是一件容易的事儿，但我们的潜意识每天都在这么做。从第一次拿起汤勺吃饭，到使用一砖一瓦建造高楼，实际是经历了一个陡峭的学习曲线。这些事情在现在看来是很简单的。玩够了小孩子的游戏，准备迎接下一个学习曲线吧。

脑、眼、动作！

★ 首先你可以邀请助手共同完成一个热身游戏。找两根针和一些线，跟助手比一比，看谁能先把线穿进针里。如果你本来就喜欢针线活，可以直接把刺绣加入训练计划中。

★ 拿两个网球，在上面标上数字"1"和"2"。请你的助手同时将它们扔给你，口中要喊一个数字，你必须准确击中助手所喊的那个网球。要知道，任何接球运动都是好的练习。当然，几乎每一种运动都能提高你的手眼协调性。如果想要大量的训练，不妨试试箭术和乒乓球。

★ 电子游戏也许并不是最能开发智力的手眼练习，但毫无疑问是最有意思的。

★ 依照五线谱弹奏乐器需要长时间的练习和高度的手眼协调，但是能够演奏出音乐不就是最好的回报吗？

画画的妙处：小的时候，大人是不是总让你描摹物体的轮廓（其实是通过这种方法来训练手眼的协调性），现在是时候上一个台阶了。画一个你见到的物体——静物、风景，或者是人体模特，要画出每一个细节。

手眼协调

如果你完成了这项任务,
可以在这里贴一颗"成就之星"并填写下面的表格。

完成

— 从这里去月球 —

手眼协调对于很多工作来说都很重要。
以下这个小测验基于真实的宇航员协调测试。

这个任务的目标是在最短的时间内,从地球的中心开始,画一条连续的线,直到到达月球的中心。注意:不能碰到任何边界。

需要准备

1. 复印机(或者是扫描仪和打印机)
2. 一只计时秒表
3. 两支不同颜色的笔
4. 透明胶带
5. 一个手提袋
6. 一袋一公斤装的面粉
7. 你的助手

如何做

1. 复印或扫描本页,确保保持百分百的原大复印。至少复印三份,并用胶带将其中一张贴在墙上与视线齐平的位置。

2. 站在与墙壁一臂远的地方,拿一支彩笔,在地球的中心点上一个点。

开始

结束

3. 请你的助手进行"3、2、1"倒数,随后计时开始。等你到达月球中心时,示意助手停止计时。

4. 换一张纸再试一遍,但是这一次,你需要在手臂挂上一袋一公斤重的面粉。

5. 进行最后一次测试。这次你不需要在手臂上挂着面粉了。在结束第二次测试后,你的手臂也许会感觉轻飘飘的。

6. 以上每一次测试结束后,你的助手可以换一支不同颜色的笔也试一次。比比谁的协调性更好。

给自己打分

第一次 | 总分 10 |

第二次 | 总分 10 |

第三次 | 总分 10 |

你把这项能力用在了……

正义?

□

邪恶?

□

你也可以试着完成以下的任务:
20 学会一心二用 · 21 灵活 · 24 设计一个标志 · 28 平衡 · 66 敏捷 · 79 设计你自己的小配件 ·
94 与电脑对话

警告：不要按这个按钮

拒绝诱惑

　　世界上有一些诱惑，即使没能拒绝也不用有负罪感。比如"我真的想给朋友做一顿饭"，或者"去敬老院帮一天忙应该会很棒"。如果你对这些事情有负罪感的话，还是去翻翻本书的"超级反派"部分吧。作为一个超级英雄，你需要担心那些有害的诱惑。你的对手会敏锐地发现并利用你的这种缺点。

冷静，想想你的负罪感！

　　★ 首先，记下每天最难抵制且有害的诱惑，例如宁愿看电视也不愿意帮厨；明知道会伤害别人感情，还是会为了博朋友一笑而开某人的玩笑。

　　★ 你列的单子无疑满满都是负能量。要想抵制这些诱惑，你需要做一些积极的回应——例如在单子边上增加一栏，写下再次受到诱惑时，想去做的一件积极的事情。当然，这必须是一件持续做下去，并能从中得到快乐的事。

　　★ 作为一个超级英雄，你需要抵制的诱惑有：按下那个红色的按钮，告诉所爱的人你的真实身份，用你的能力满足自私的目的，受愤怒的影响而做出无法挽回的错误决定。现在就想一想，为什么以上诱惑都是不好的。

负能量： 要想抵制诱惑，你需要知道该做什么，不该做什么。不要让诸如懒惰、恐惧、自私这样的负面情绪影响你的积极行动。下一次当你决定屈服的时候，问问自己是否有负罪感，如果有的话，就应该采取积极行动了。

拒绝诱惑

如果你完成了这项任务，
可以在这里贴一颗"成就之星"并填写下面的表格。

完成

消极 VS. 积极

以下是超级英雄会经常遇到的诱惑。现在就试试你拒绝诱惑的本领，在消极的行为旁，写下应对的积极行动。诚实地记录面临诱惑时，你会做出的选择。

诱惑	消极行为	积极行为	你的选择
你在秘密基地里找到了最后一块蛋糕	在助手到场之前，先把它吃掉		☐ ☐
你看见有人在空中打出你的名号求救，这时你最爱的电视剧刚刚开始	拉上窗帘，调大音量		☐ ☐
最近你的女/男朋友不停打探你的隐私，你恰好发现他们留下的日记	从第一页读到最后一页		☐ ☐
你刚把坏人交给警察，随后发现了他的秘密金库	立马去商店买下所有喜欢的东西		☐ ☐
你的对手说，如果你愿意和他一起征服地球，他会分给你一半的权力	回答："我需要在哪里签字？"		☐ ☐
把你想到的诱惑写在这里			☐ ☐

你也可以试着完成以下的任务：
1 发现你性格的另一面·26 了解你的弱点·35 找机会帮助他人·44 永不言弃·
81 迅速做出正确的决定·86 保守顶级秘密

变身术

信不信由你，每个人都可以改变自己的外貌。为此，你根本不用非得变异成另一种生物，当然这也不是完全不可能：如果在科学研究上足够下功夫，说不定就能找到实现可控变异的基因。如果足够幸运，跌进一团放射性物质中，可能瞬间具备这种超能力。你可以按照下面提供的办法开始练习，直到具备这种超能力。

变身

★ 要想成功变身，首先必须要学会如何控制大脑。研究你的目标的思想，试着通过他们的眼睛来看待周围的一切。只有你成功了，身体上的改变才会随之而来。明白这个，就可以挑选实验对象了。在学会走路之前不要急着跑——从最简单的实验对象开始，要不然，就选鼻涕虫吧，它们简单的大脑应该不难进入。接下来可以试着在一只羊身上练习，随着练习对象越来越复杂，你可以在人身上尝试：最好选择一个熟悉的人，不能让他们知道你打算潜入他们的大脑，并左右他们的意识。

★ 模仿也是变身的一种。你需要仔细研究你的模仿对象——从长相到走路的方式、说话的音调，再到常用的手势、笔迹。你还是得从一个简单的模仿对象开始，例如一个和你长得有点像的人，同时他还要具备鲜明的言谈举止上的特点。你不妨站在镜子前面练习，还可以录音，这些都能够帮助你评估到底模仿得像不像。如果你觉得有必要，也可以报名参加一个表演班。

投入表演：你可以试试演员最基本的练习方法，他们会从记忆和经验出发，帮助自己更加深刻地诠释要扮演的角色。有时候，一个演员哪怕是在台下独处时，仍然沉浸在角色中不能自拔。

变身术

如果你完成了这项任务，
可以在这里贴一颗"成就之星"并填写下面的表格。

☆
完成

—— 改进，登场 ——

想要展示变身的本领？举办一个化装舞会是最佳选择。就算变身不那么成功，也没有人觉得你太奇怪。鉴于所有人都认识你，这将是对你变身能力的终极考验——如果能骗过你的朋友，就能骗过任何人。在舞会上你要进行三次变身。记住变身前要偷偷躲起来，千万别让人看见。

—— 变成一个著名的人物 ——

你变成了谁？

给自己的变身打分

外形 `总分 10`　声音 `总分 10`　举止 `总分 10`　整体 `总分 10`

有多少人认出了你？

没有人 ☐　一小部分 ☐　很多 ☐　每个人 ☐

在这里贴上
你的照片

—— 变成一种动物 ——

你变成了什么？

在这里贴上
你的照片

给自己的变身打分

外形 `总分 10`　声音 `总分 10`　行为 `总分 10`　整体 `总分 10`

有多少人认出了你？

没有人 ☐　一小部分 ☐　很多 ☐　每个人 ☐

—— 变成舞会上的一位来宾 ——

你变成了谁？

给自己的
变身打分

外形 `总分 10`　声音 `总分 10`
举止 `总分 10`　整体 `总分 10`

有多少人认出了你？

没有人 ☐　一小部分 ☐　很多 ☐　每个人 ☐

在这里贴上
你的照片

你把这项能力
用在了……

正义？ ☐　邪恶？ ☐

你也可以试着完成以下的任务：

12 大脑控制术 · 22 和动物交流 · 40 理解肢体语言 · 47 幻象大师 · 63 观察技巧 ·
92 心灵感应

保守顶级秘密

媒体和大众都是薄情寡义的人。有时候你是他们的救世主，有时候却是替罪羊。由此可以知道，保持匿名有多重要。你可能需要撒谎、恐吓、让别人失望，甚至当一个怪胎，这都是当一个超级英雄的代价。

守口如瓶

★ 千万不要八卦，如果你能保守好别人的秘密，那么不让别人知道你的真实身份就不在话下。让大家都相信你善于保守秘密自有好处——你对别人在干什么能了如指掌。

★ 不管什么时候，如果听到别人在讨论你超级英雄的一面时（甚至是诋毁），加入他们的讨论。但是要假装完全不认识这位超级英雄，这都是演戏而已。不论怎样，都不要一时兴起，承认那些伟大的事情是你做的。

★ 现在就为你的秘密双重身份预演说辞，这样，一旦需要解释自己的任何古怪行为，你都能说得滴水不漏。

★ 保护好秘密文件，设一个别人不能破解的密码。

★ 你可以对信任的助手毫无保留。或者去一个没有人的地方，对着风大喊出你的秘密。还可以把秘密都写在纸上，再销毁。相信我，这么做会轻松很多。

"厚颜无耻"的骗子：如果有人嗅到了你的秘密身份，不要急着辩护。你越是装作没有任何隐瞒，他们越热衷于挖掘你的秘密。最好的办法就是，放松下来，看着他们的眼睛，撒一个谎。不用不好意思，这是唯一的办法。

保守顶级秘密

如果你完成了这项任务，
可以在这里贴一颗"成就之星"并填写下面的表格。

☆ 完成

——— 秘密身份 ———

要想隐藏双重身份可没那么简单。你要做好准备，会不时有人问你一些尴尬的问题。干脆从现在开始就想好应对之策吧。

问题一
经常看不到你，
你都去哪儿了？

借口一

问题四
关于（写一件当地的事情）
你怎么知道得这么多？

借口四

问题二
你怎么能这么快
就赶到？

借口二

问题五
为什么把内裤
穿在外面？

借口五

问题三
你说昨天早走是为了
早点儿休息，可为什么
看起来还这么累？

借口三

你觉得大家是否相信
这些借口？

借口一 是/否

借口二 是/否

借口三 是/否

借口四 是/否

借口五 是/否

你把这项能力
用在了……

正义？ □
邪恶？ □

📄 **你也可以试着完成以下的任务：**
9 选择一个助手·40 理解肢体语言·65 说出一条血路·84 拒绝诱惑·
89 识破别人的谎言

审问

有人会不顾一切地帮你抓坏人，有人则需要多次催促。一个人缄默不语可能有很多原因：害怕遭到报复、希望保护别人、拖延时间……要想问对的问题，以及从语言和肢体动作中得到想要的答案，都需要长时间的练习。

艰难的对话

★ 选择何种审问技巧取决于你的审问对象，以及事情的严重性。不管做什么，记住一定要控制好局面。表面上愤怒是可以的，但是心里要保持平静和理性。邪恶天才会通过利用你的弱点来掌握局面，千万不要被他们看穿。

★ 在审问的开始试着暖暖场，进行一些友好的对话，这会让你的审问对象放松。等到打开话匣以后，请他们详细地描述事情的经过，并记录。之后你可以问他们同样的问题，对比两次的回答，也许你能发现其中矛盾的地方。

★ 你可以和助手玩角色扮演的游戏。假设你抓住了对手，迫切地想知道炸弹藏在哪里。顺利套出他的回答之后，互换角色：这回假设你被对手抓住，被逼问秘密基地的位置。你们甚至可以引入其他角色，比如对手的爱人，或者他的某个同伙。

反派锦囊：酷刑下你们应该很快就会招上。做好生理上和心理上的准备，运用好你的策略。只要能增加逃跑的机会，你可以说或做任何事情。

审问

如果你完成了这项任务，
可以在这里贴一颗"成就之星"并填写下面的表格。

完成

毫无悬念

邀请你的助手一起来玩审问的角色扮演游戏。这个游戏需要你们全身心投入，尽力模仿超级英雄和超级反派的对话。现在，开始这场权力的游戏吧。

角色游戏一
审问人

你在犯罪现场抓住了对手。你知道他在城市的某个地方埋下了一枚炸弹。试着从他的口中问出地点，至少得到一些线索。

你的开场白或第一个问题是什么？

哪一个问题／哪一句话让你获得了最有价值的信息？

你有没有很好地控制情绪？ 是/否

如果你发脾气了，原因是什么？

你的审问对象给你想要的信息了吗？ 是/否

你的审问手段是否包括……

质问？ 是/否　　拍马屁？ 是/否

欺骗？ 是/否　　恐吓？ 是/否

合作（即交换信息）？ 是/否

整体上来看，哪一方掌握了主动权？

你 □　　审问对象 □

角色游戏二
审问对象

你被对手抓住了。他想要知道你的秘密基地在哪儿，从而偷取你的小配件和文件。你能撑过审讯，并找到逃跑的办法吗？

面对他的问题，你是怎么做的？

保持雕像一般沉默 □　　用谎言回应 □

反问更多问题 □　　大笑回应 □

攻击侮辱审问者 □　　哭泣 □

你的审问者有没有……

恐吓你？ 是/否　　糖衣炮弹轰炸你？ 是/否

侮辱你？ 是/否　　耍小花招？ 是/否

跟你谈条件？ 是/否　　拷问你？ 是/否

你是否供出了他想要的信息？ 是/否

如果没有，你有多接近泄密？

还早着呢 □

快了 □

就差一点 □

你把这项能力用在了……

整体上来看，哪一方掌握了主动权？

你 □　　审问人 □

正义？ □
邪恶？ □

你也可以试着完成以下的任务：
6 耐力 · 65 说出一条血路 · 70 应对压力 · 72 说上百种语言 · 89 识破别人的谎言 · 92 心灵感应

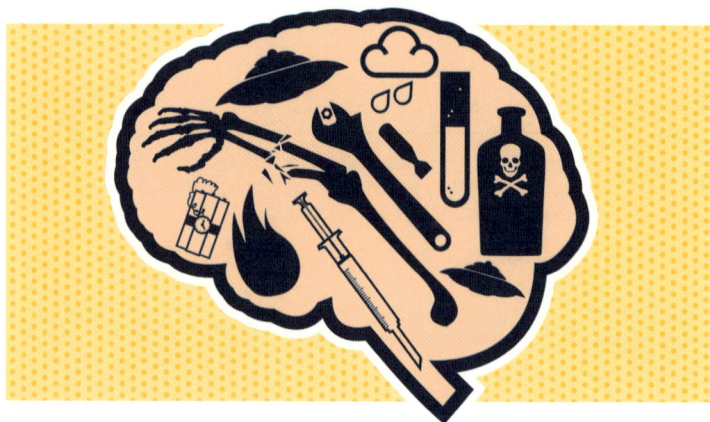

掌握各种专业知识

如果以为超级英雄只要擅长炫酷的打斗就行，就大错特错了。你必须是各个领域的专家。没有人会嫌你懂得太多，而且你总是有进步的空间。邪恶天才也不是浪得虚名，若想打败一个邪恶天才，至少在智力上得和他不相上下才行。

发达的大脑

★ 你可以每年选择一个领域，并立志成为这方面的专家。要抱着写一本书（至少也是一篇论文）的态度，尽可能地多做研究。

★ 选择一个对你的英雄／反派事业有利的，还未被涉足的领域。有一本书叫《轻型夹层建筑》（*Lightweight Sandwich Construction*）——这方面的知识很可能对日常生活是有益的，但对超级英雄来说却没什么用。还有一本书叫《放屁的好处》（*The Benefit of Farting*）——这本书的作者可能就是一个超级英雄或者邪恶天才，也许他早已看穿了胃肠气胀的多种用途。但是话说回来，这些领域已经有人研究了，你必须找到另一个独特的领域。

★ 要想和周围的人搞好关系，并取得他们的信任，你需要对以下领域有所了解：体育、电视节目、天气，还有时事——这些都是开启对话的绝佳话题。从现在开始，看一些智力竞赛的节目，和参赛选手比比谁知道得多。你能打败他们吗？

贪婪的学习者：科学和技术都能在生死关头救命，但也别低估了语言、音乐和艺术——它们能够使人获得力量，但如果落入了坏人之手，就会变成致命的武器。

掌握各种专业知识

如果你完成了这项任务，
可以在这里贴一颗"成就之星"并填写下面的表格。

完成

专业证书

掌握了你的专业领域内所有知识以后，填写这张证书。

"101个任务荣誉学院"很荣幸地为

你的名号

颁发此证书，兹证明其在以下领域拥有了卓越的知识：

你擅长的领域

你在研究中发现了什么别人不知道的事情？

你希望怎样把这些知识用于超人事业？

评价自己的
专业水平

☆ ☆
令人失望 满意

☆ ☆
优秀 完美

你把这项能力
用在了……

正义？☐

邪恶？☐

你也可以试着完成以下的任务：

22 和动物交流 · 40 理解肢体语言 · 41 变成科学天才 · 72 说上百种语言 · 94 与电脑对话

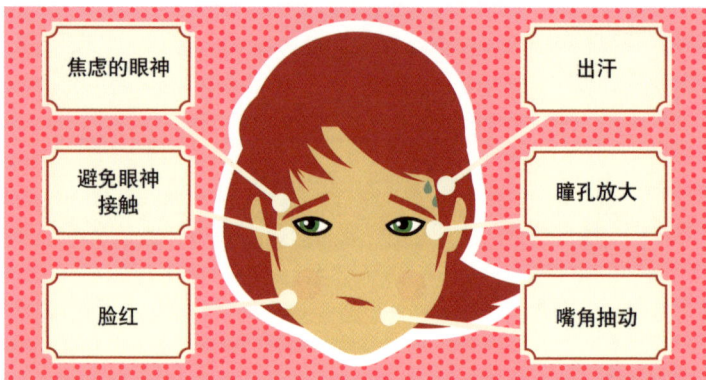

焦虑的眼神

出汗

避免眼神接触

瞳孔放大

脸红

嘴角抽动

识破别人的谎言

超级英雄和反派都不能太轻信别人。要知道，有时人们会为各种各样的原因撒谎，不过大多数情况下他们这样做要么是为了自我保护，要么是为了保护别人。在你的超级英雄／反派生涯中，会遇到很多想保护自己的人，所以，学会辨别谎言很重要。

没什么好紧张的

★ 撒谎的人通常会有以下表现：避免眼神接触、不停地眨眼睛、坐立不安、咳嗽、呼吸急促和脸红（这是因为心跳加速）。为了隐藏谎言，他们会不停地解释，因而透露许多细节。碰到这样的表现就要小心了。

★ 故意给别人布下陷阱，这样如果他们撒谎的话，就能一目了然了。举个例子，请助手带一个朋友去给你买生日礼物，等他们回来的时候，问那个朋友刚刚去哪儿了，他十有八九会隐瞒真相。你还可以在房间的明显位置留下一块儿巧克力或是一把钞票，等着别人上钩。

★ 想几个你的助手不愿意老实交代的私人问题，不要让他知道你正在做说谎测试，问他们这些问题。在测试的最后，可以告诉他们真正的意图，如果他们愿意，可以在不说出真实答案的情况下，承认是否撒了谎。

★ 重复上面的试验，不过这次由你的助手来提问。学会辨别谎言能有效地帮助你。记住，识别撒谎对于超级英雄／反派来说都是一项宝贵技能。

变长的鼻子：才华高超的骗子可以直视你的眼睛撒谎，所以要仔细观察对方的眼神。别光听他说，他的眼睛里是否流露出了真实的情感？通常，一个人的眼睛会告诉你一个不一样的故事。

识破别人的谎言

如果你完成了这项任务，
可以在这里贴一颗"成就之星"并填写下面的表格。

☆
完成

———— 测谎游戏 ————

想三个比较私密的问题，问你的助手，试着判断他是否撒谎了。不到游戏最后，不要告诉他测试的真正目的。记下他的回答，以及任何表明他正在撒谎的证据。

问题一	他的答案	哪些地方表明他在撒谎

你是否怀疑他在撒谎？ 是/否　你是否继续追问更多 是/否　他承认在撒谎了吗？ 是/否
　　　　　　　　　　　　　的问题？　　　　　　（到测试结束再与他
　　　　　　　　　　　　　　　　　　　　　　　们对证）

问题二	他的答案	哪些地方表明他在撒谎

你是否怀疑他在撒谎？ 是/否　你是否继续追问更多 是/否　他承认在撒谎了吗？ 是/否
　　　　　　　　　　　　　的问题？　　　　　　（到测试结束再与他
　　　　　　　　　　　　　　　　　　　　　　　们对证）

问题三	他的答案	哪些地方表明他在撒谎

你是否怀疑他在撒谎？ 是/否　你是否继续追问更多 是/否　他承认在撒谎了吗？ 是/否
　　　　　　　　　　　　　的问题？　　　　　　（到测试结束再与他
　　　　　　　　　　　　　　　　　　　　　　　们对证）

———— 你这个骗子 ————

撒谎不被识破，是项有用的技能。接下来让你的助手当审问人。绞尽脑汁撒谎，看看你是否能够不被发现。

如果你被识破了，是什么出卖了你？

眨眼太多	是/否	前后不一致	是/否
坐立不安	是/否	给太多不必要的细节	是/否
紧张焦虑	是/否	没有眼神接触	是/否

一共有几个谎言成功了？ 总数 3

你把这项能力用在了……

正义？ □　邪恶？ □

📄 你也可以试着完成以下的任务：
33 预判对手的下一步行动 · 40 理解肢体语言 · 63 观察技巧 · 74 发现和破解线索 · 92 心灵感应

救人要紧

在紧急情况下，能够迅速行动挽救他人生命的普通人也能成为英雄。但是作为一名超级英雄，救人是你每天的功课。换句话说，这个世界就是你的手术室——病人都在等你，还不快去清洗双手。

治得好才是真的好

★ 参加一个急救培训班。这样在别人不能呼吸、窒息或者流血时，你能知道怎么做。你还应该具备的核心技能有：如何清洗和包扎伤口，如何救治中毒或遭到电击的病人，如何处理烫伤、蚊虫叮咬，还有如何进行人工呼吸。

★ 几个世纪以来，人们经常拿草药和植物治病，板蓝根就是一种常见的草药。你是否知道，薰衣草也能防腐、防菌，甚至有抗生素的功能。你既可以拿它泡茶，也可以用于涂抹伤口。薰衣草会发出舒缓的气味——只有蛾子非常不喜欢这种味道（下次如果你被一只巨型蛾子攻击，千万别忘记这一点）。但是记住，如果用错了，草药也会有很强的毒性。

★ 治病的方法还有很多。如果你擅长制造和控制力场，说不定能用某种磁疗的方法救人呢。如果意念控制是你的强项，不妨试试催眠疗法。

死亡宣判：人死了是不会再活过来的，但是有些被判定"医学死亡"（心脏停止跳动）的人可以。你要记住，一旦心脏停止跳动超过三分钟，脑损伤的概率会很大。如果患者的体温低过正常水平，那么这个时间可能拖得长一些。

救人要紧

如果你完成了这项任务，
可以在这里贴一颗"成就之星"并填写下面的表格。

☆ 完成

急救测试

紧急情况应该首先拨打120。在医疗人员赶到前，你需要帮忙照看伤者。用下面这个小测试检验你的急救本领。每一道问题只有一个正确答案。其他的行动有可能是无效，甚至是危险的。

1. 你的病人中暑了，你会……
a. 给他一个拥抱，安慰说"没事了"
b. 让他喝很多水，用一块潮湿的毛毯把他裹起来
c. 给他一杯热茶，用温暖的毛毯裹起他
d. 做人工呼吸

2. 你的病人被开水烫了，你会……
a. 用冷水冲十分钟，然后用保鲜膜包住，保持伤口清洁
b. 用冷水冲五分钟，用干净毛巾包裹起来
c. 在伤口上敷杀菌剂，再涂上膏药
d. 在伤口上涂抹橄榄油

3. 你的病人窒息了。你试图帮他把食物咳出来，但没有成功。你会……
a. 让他上下倒立，并晃他的身体
b. 让他喝水
c. 检查他的食道，试图取出食物
d. 用手掌后根部在他的肩胛骨之间用力疾速敲打五次

4. 你到达了有很多伤者的灾难现场。在确保没有潜在危险之后，要想帮助伤者，你会从谁开始？
a. 安静地躺在地上，闭着眼睛的伤员
b. 呻吟的伤员，他们一看就处在极度痛苦之中
c. 歇斯底里大喊的伤员
d. 大腿受伤、大出血的伤员

5. 你的病人遭到了电击，你会……
a. 晃晃他，看他是否还好
b. 从他手里拿掉带电的装置
c. 关掉电源总闸
d. 向他泼水

6. 你的病人体温过低，你会……
a. 让他来一口白兰地
b. 让他脱掉湿衣服、用温暖的毛毯裹住他
c. 让他跑几圈，恢复体温
d. 让他泡个热水澡

7. 你的病人被某种虫子蜇了一下，你会……
a. 用镊子夹掉刺
b. 用嘴吸出刺
c. 用小刀的钝面拨掉刺
d. 在刺上敷膏药

8. 你的病人持续胸口疼，并且呼吸困难。你检查了他的脉搏，发现脉搏微弱、不均匀。病因有可能是什么？
a. 食物中毒
b. 心脏病
c. 脑震荡
d. 中风

（答案在本书最后）

免责声明：本书旨在提供一些急救知识，不可替代医生和其他医疗人员的专业建议。本书作者对读者基于本书内容做出的判断不负责任。

你把这项能力用在了……

正义？□　邪恶？□

你也可以试着完成以下的任务：
13 克服你的恐惧 · 35 找机会帮助他人 · 70 应对压力 · 77 X光透视 · 83 手眼协调 · 88 掌握各种专业知识

设计你的超级座驾

　　就算你跑起来像脚踩风火轮，也有需要更快一点的时候。也许还需要座驾为你提供保护、运载装备，至少可以用来耍酷。如果你还不会开车，那选择就比较有限了，不过别灰心，千里之行始于足下。再说了，非机动车还更环保呢，烧油简直太OUT了！

上车！

　　★ 无论是从资金还是技术上讲，制造出一个比蝙蝠车还牛的隐形车或者战机可能都需要好几年。不过你可以从设计开始，着手于这部超级座驾的一些细节，从里到外，标注出你的座驾会包含哪些小装置。

　　★ 一旦做出令人满意的设计，你就可以试着用现有的材料做个原型了。废弃的硬纸箱是个不错的选择，一定要让自己才思如泉涌才行哦。

　　★ 在你筹备超级座驾的过程中，可以先试着改造已有的交通工具，例如滑板车、轮滑鞋、自行车、滑板，甚至卡丁车。要知道，最复杂的部分已经有了，你要做的只是加入一些独特的"超级英雄"装置——例如激光器、导航系统、牵引光束、一些护甲或者迷彩之类。当然，别忘了要有超级英雄标志，以便与你的服装和气质相配。

带我回家：如果负担得起，装个自动驾驶系统当然是很赞的，不过一开始你还是需要依靠地图或者卫星定位。再花点钱买个防盗装置吧，你不可能永远盯着自己的超级座驾。

设计你的超级座驾

如果你完成了这项任务，
可以在这里贴一颗"成就之星"并填写下面的表格。

⭐
完成

―――――――――――― **超快** ――――――――――――

如果没有资金和专业的工程技术去设计一辆炫酷的跑车、地铁、飞机，那就用手头的东西发挥创造力吧。不管是自行车还是滑板车，把它变成你的超级座驾，只要加上一些独具匠心的装饰和狡黠的设计，它一定会变得超级酷。

你的超级座驾是什么？

滑板车	轮滑鞋	自行车	滑板	卡丁车	其他
☐	☐	☐	☐	☐	☐

其他（请说明）

你都用了什么来装配你的超级座驾？

我的超级标志	超级护甲	超级音响系统	火焰装饰	超级武器	其他
☐	☐	☐	☐	☐	☐

其他（请说明）

你的超级座驾不光要看起来让人羡慕，跑起来也一定要快。在这个速度表上标出你的座驾能跑出的最快速度。

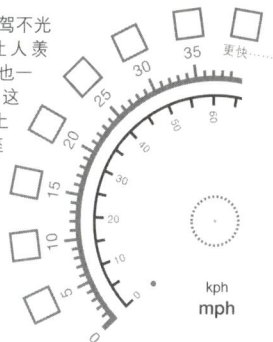

kph
mph

在这里贴一张你的超级座驾改装后的照片

在这里贴一张你的超级座驾改装前的照片

给你超级座驾的以下方面打分

外观　[总分 10]

速度　[总分 10]

安全性　[总分 10]

特殊功能　[总分 10]

你把你的座驾用在了……

正义？　☐

☐　邪恶？

你也可以试着完成以下的任务：
3 学会飞 · 39 速度 · 64 时间旅行 · 76 制订逃跑计划 · 79 设计你自己的小配件 ·
94 与电脑对话

心灵感应

　　你可能在想："读心术？切，净胡扯！"是吗？这恰恰证明了每个人都尝试过这件事。本书所提到的读心术和其他超能力一样，可不是小孩儿玩的把戏，而是超级英雄级别的，它能让你察觉身后是否有对手，以及他是要按桌子下面的按钮，还是准备通过脚下秘密的活板门逃跑……

把你的想法交给我

　　★ 先从简单一点的读数开始。让朋友在1到10之间随意挑选一个数字，让他将这个数字乘以2，加上6，除以2，再减去他所选的那个数字。你已经知道答案是什么了（还不知道吗？）……是3，没错。把加的数字换成其他的试一试，比如2、4、8、10，你会发现，原来答案总是加上的那个数字的一半。

　　★ 准备一些卡片，上面画着各种各样的图案（例如三角形、星形、菱形等）。让助手坐在你的对面，你们中间放着那一摞卡片。让他随意挑选一张，不能让你看到，并用力地想那个图案的样子。现在你要放松，排除一切杂念，试着切入他的大脑，看看他脑中的图案是什么，以此来测试你的感应能力。最开始只让他在三个卡片中挑选，当你的能力越来越强，就可以放更多的卡片来增加难度了。

我就知道你会这么说……找个朋友（等你的能力变强后可以找个陌生人），问他一系列问题，并让他把答案写在纸上。你要同时写下对答案的预测，之后比较你的答案是否准确。

心灵感应

如果你完成了这项任务，
可以在这里贴一颗"成就之星"并填写下面的表格。

★ 完成

我就知道你会这么说

你的助手可以帮你拓展心理技能。你们面对面坐在桌子两边，让他在脑海中想象下面这几样东西。你需要将注意力集中在他身上十秒钟，之后画下你认为他脑中所想的东西。别让他看到你画的是什么，完成后，让他看看是否准确。接着，请你的助手想象……

一个形状。（把这个形状画在下面）	一种动物。（把这只动物画在下面）	一个1到100之间的数字。（把这个数字写在下面）
你猜得准确吗？ □ 完全准确 □ 接近 □ 差远了	你猜得准确吗？ □ 完全准确 □ 接近 □ 差远了	你猜得准确吗？ □ 完全准确 □ 接近 □ 差远了
一种颜色。（把这种颜色的名字写在下面）	某个人。（把他的样子画在下面，别忘了写上名字）	一个字母。（把这个字母写在下面）
你猜得准确吗？ □ 完全准确 □ 接近 □ 差远了	你猜得准确吗？ □ 完全准确 □ 接近 □ 差远了	你猜得准确吗？ □ 完全准确 □ 接近 □ 差远了

他喜欢的任意一件物品。（把这个物品画在下面）	一个含有五个数字的数列。（把这个数列写在下面）	
	0　0　0　0　0	为你的心灵感应能力打分 [满分 10]
	你猜对了几个数字？ [0] 其中有几个顺序也正确？ [0]	你把这项能力用在了……
你猜得准确吗？ □ 完全准确 □ 接近 □ 差远了	你猜得准确吗？ □ 完全准确 □ 接近 □ 差远了	正义？ □ 邪恶？ □

你也可以试着完成以下的任务：

12 大脑控制术 · 40 理解肢体语言 · 50 洞见未来 · 52 心灵遥感

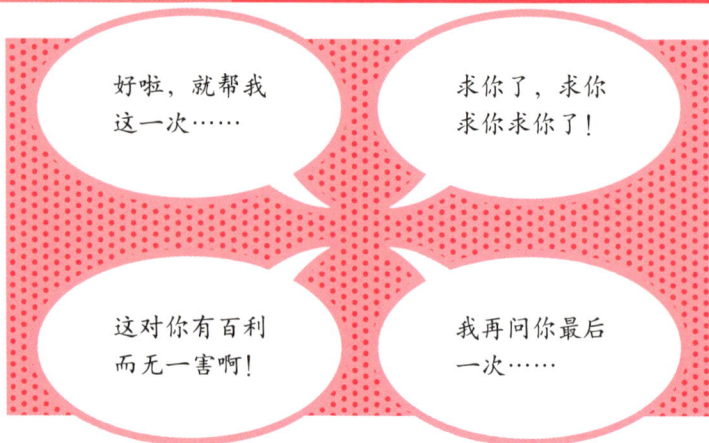

提高你的说服力

作为超级英雄，你会用到蛮力、超凡的速度和钢铁般的意志。但如果有语言的帮助，就可以免去以上所有的麻烦了。你可能需要劝某人不要做一些可怕的事（例如跳楼或引爆炸弹），或者鼓舞某人去做一些他们不敢尝试的事情。

三寸不烂之舌

★ 如果一个人铁了心要做（或不做）一件事，你应该先倾听他们的想法，这样才能了解他们那样做的原因，并做出最好的劝说策略。试着站在对方的角度看问题——那样你就能够预判他们争辩的依据了。

★ 建立示范。劝一个人最好的方法就是告诉他还有更好的办法。如果你希望一个人不要惊慌，对他大吼"不要慌"是不管用的。

★ 从一些简单的任务开始训练吧。例如劝某人和你分享他的午餐，或者把最后一块巧克力给你吃。逐渐尝试一些更困难的任务，看看能不能让某人给你一件他非常非常珍视的东西。如果是朋友的话就容易一些，如果是一个你不太了解的人呢？你能劝他把外套脱下来给你穿吗？

★ 你还可以在出门购物时试一试。看看能不能成功地讨价还价，劝店家给你多打点儿折。

逆反心理：有时候你越不想让某人如何做，他反而越会那样做。你恰恰可以利用这一点，试着用逆向心理学达成目的。

提高你的说服力

如果你完成了这项任务，
可以在这里贴一颗"成就之星"并填写下面的表格。

☆
完成

─────────────── 说服某人 ───────────────

为你的秘密项目捐款　你成功了吗？ 是/否

如果成功了，你说服了谁？

[   ]

你获得了多少钱？　¥ 0 0 . 0 0

你是如何说服他们的？

[   ]

为你干些脏活　你成功了吗？ 是/否

如果是，你说服了谁？

[   ]

你说服他们去做什么？

[   ]

你是如何说服他们的？

[   ]

做一些他们不敢做的事　你成功了吗？ 是/否

如果是，你说服了谁？

[   ]

你说服他们去做什么？

[   ]

你是如何说服他们的？

[   ]

不要做一件好事／坏事*　你成功了吗？ 是/否
(*删去不适用的)

如果是，你说服了谁？

[   ]

你说服他们不去做什么？

[   ]

你是如何说服他们的？

[   ]

你最难说服某人做过的一件事儿是什么？

[   ]

你最擅长的说服技巧是什么？

讲道理 [ ]　　乞求 [ ]

贿赂 [ ]　　威胁 [ ]

你的说服力如何？

☆　☆　☆
非常糟糕　糟糕　一般

☆　☆　☆
好　非常好　完美

你把这项能力用在了……

正义？ [ ]

邪恶？ [ ]

📋 **你也可以试着完成以下的任务：**
40 理解肢体语言 · 78 当个楷模 · 92 心灵感应 · 96 由我带头

与电脑对话

电脑盲可进不了超级英雄的殿堂。如果你一直对手机APP、可疑的服务器或庞大的数据库敬而远之，现在你得面对自己的短板，学着和电脑做朋友。毕竟你得需要它们的帮助来侵入对手的秘密文件、破解门禁和拆除炸弹。

保存退出

★ 电脑术语听起来都挺唬人的。你可以先学一些（例如兆字节、安装、优化、调试等），并在日常生活中用到这些词汇，这样就会慢慢熟悉了。

★ 下一步是掌握日常电子设备的使用方法，例如计算器、微波炉和电视。你可能觉得这些都太小儿科了，但你真的知道那上面的所有按钮分别是干什么用的吗？学着使用那些按钮所有的功能——这是与更复杂的机器交互前非常重要的训练。你可能还会发现不少好用的功能呢。

★ 像计算机一样思考。这是唯一能够真正钻进处理器中的方法。计算机不会让情感影响到运行，不会因为风景好而走观光线路，而会计算并选择阻力最小的线路。如果下次有人问你对一件事的看法，用电脑的方式回答——理性、中立、专业。

★ Visual Basic（VB）是一种几乎可以跟随教程自学的简单编程语言。C语言或C++也不错。极客起来吧！

★ 学点HTML（也很简单）并建立一个简单的网站吧。如果能掌握一点Flash的精髓，你甚至可以在网上做点更"炫"的东西。

逃跑：如果一切都要崩溃了，而倒计时还在滴滴答答响，试着按Esc（Escape）或Ctrl+Alt+Delete（在苹果电脑上则是Command+Z）。如果还不行，直接猛戳电源把它关掉——看似简单粗暴，其实超级有效。

与电脑对话

如果你完成了这项任务，
可以在这里贴一颗"成就之星"并填写下面的表格。

☆
完成

— 升级 —

作为养成超级英雄的一部分，你需要把科技水平也提升一个层次。光知道开关在哪儿是不够的，你得学习用身边的这些科技产品实现一些新功能。

电视	电话/手机	微波炉
你学会了使用哪项新功能？	你学会了使用哪项新功能？	你学会了使用哪项新功能？
它将多有用？ 给它打个分　总分 10	它将多有用？ 给它打个分　总分 10	它将多有用？ 给它打个分　总分 10
你参考了说明书？ 是/否	你参考了说明书吗？ 是/否	你参考了说明书吗？ 是/否

洗衣机	电脑
你学会了使用哪项新功能？	你学会了使用哪项新功能？
它将多有用？ 给它打个分　总分 10	它将多有用？ 给它打个分　总分 10
你参考说明书了吗？ 是/否	你参考说明书了吗？ 是/否

你有多擅长使用电子产品？
在以下方面给自己打分

自信　　耐心　　解决问题的能力　　速度

总分 10　　总分 10　　总分 10　　总分 10

你把这项能力
用在了……

正义？ □
邪恶？ □

你也可以试着完成以下的任务：
15 拯救世界：对抗机器人暴动 · 21 灵活 · 41 变成科学天才 · 55 破解密码 ·
79 设计你自己的小配件

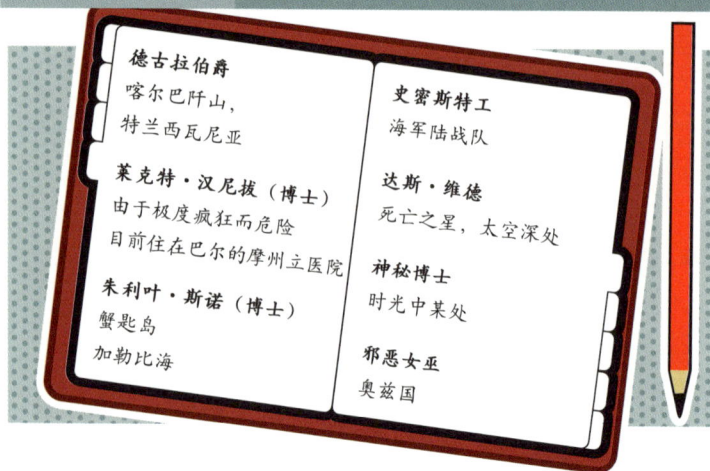

德古拉伯爵
喀尔巴阡山，
特兰西瓦尼亚

史密斯特工
海军陆战队

莱克特·汉尼拔（博士）
由于极度疯狂而危险
目前住在巴尔的摩州立医院

达斯·维德
死亡之星，太空深处

朱利叶·斯诺（博士）
蟹匙岛
加勒比海

神秘博士
时光中某处

邪恶女巫
奥兹国

建立关系网

　　不管你有多强大，没有他人做耳目，也很难了解全世界；没有他人做向导，也很难去往其他世界，尤其是那些精英和专家们的世界。作为超级英雄，知识面和人脉都要广，缺一不可。

朋友和熟人

　　★ 你的关系网不只是帮你盯着全世界，遇到问题可以向他们咨询。给自己设计一个名片吧，编一个类似于"学者"这类的头衔——那种有点模糊又有点无聊，不至于招致怀疑的工作，但是又能让你在需要咨询他人时有充分的理由。

　　★ 永远都要积极地认识新朋友，拓展关系网。参加一些社团和俱乐部，有人找你玩也要积极参与。克服自己的羞涩，大大方方地和陌生人交谈，这可是很重要的技能呢。

　　★ 瞄准那些身居要职或者掌握内部信息的人，他们知道最近都有什么事发生，谁在做什么，内部又是如何运作的。别着急问太多问题，免得让他们感觉像被审讯似的。试着通过随意的方式获得有用的信息，并且建立信任。这样在你需要帮助的时候，甚至不用开口，他们都会很乐意帮你。

　　★ 建立了新的关系之后花点精力去维护这段关系。记住他们的喜好，以及在过节的时候送去祝福都是不错的选择。

还是聊聊你吧：人们更喜欢聊自己。所以当他们问了太多关于你的问题的时候，试着把话题引回他们身上。你要表现出对他们和他们所做的事的强烈兴趣，那样他们或许就会提供给你需要的信息了。

建立关系网

如果你完成了这项任务，
可以在这里贴一颗"成就之星"并填写下面的表格。

完成

— 通讯录 —

复印这一页，记录下那些你见过并且可能对你有帮助的人。写下他们可能为你提供的帮助。

姓名

职业

联系方式

他们可能在哪方面帮到你？

他们的人脉 是/否　　内线消息 是/否

权力／掌控力 是/否　　资金／资源 是/否

他们是正义还是邪恶？

正义 □　　邪恶 □　　不确定 □

姓名

职业

联系方式

他们可能在哪方面帮到你？

他们的人脉 是/否　　内线消息 是/否

权力／掌控力 是/否　　资金／资源 是/否

他们是正义还是邪恶？

正义 □　　邪恶 □　　不确定 □

姓名

职业

联系方式

他们可能在哪方面帮到你？

他们的人脉 是/否　　内线消息 是/否

权力／掌控力 是/否　　资金／资源 是/否

他们是正义还是邪恶？

正义 □　　邪恶 □　　不确定 □

笔记

保持联系

申请一个微博或微信账户，以便和这些人保持联系，并逐渐了解他们所认识的人。

你把你的关系网用在了……

正义？ □　　邪恶？ □

你也可以试着完成以下的任务：
40 理解肢体语言・65 说出一条血路・72 说上百种语言・88 掌握各种专业知识・
97 眼观六路，耳听八方

由我带头

如果突然冒出来，别人都不知道你是谁，想让大家听你的，这可不容易。不过在生死关头，或者你的超级团队、警察想要抓住坏人时，他们就得听你的。很多当领导的重要技能都隐藏在其他方面，例如果断决定（而且要正确）、设立目标和立场坚定——这些都能让你看起来像个超级英雄。关键就是要把这些特质综合在你一个人身上。

跟着领袖

★ 你可能不是个天生的领袖，但不意味着不能成长为一个领头羊。这不只是要你变得有统治力。举例来说，你当然需要很有能力，能言善辩，同时还要学会倾听。列出你认为已经拥有的领导才能，还有那些你缺乏的，或者还需要进一步提高的才能。尤其关注鼓动他人的能力，这是至关重要的。有时候冲别人大喊大叫"想活命就照我说的做"可能并不管用，你需要更温和的手法。

★ 试着建立一个俱乐部，来测试你的领导力。试着吸引别人加入你的俱乐部，激励并鼓动他们实现俱乐部的目标（这意味着你要很清楚他们都是什么样的人、如何与他们沟通）、化解会员之间的矛盾，担当起作为领袖的责任。

"把恐惧留给自己，把勇气带给他人。"这是文学家R. L. 斯蒂文森的名言。正能量的感染力是惊人的。你的信念和说服力可以激励他人在你已经离开之后仍能继续战斗——这就是榜样的力量。

由我带头

如果你完成了这项任务，
可以在这里贴一颗"成就之星"并填写下面的表格。

☆ 完成

加入俱乐部

你有多擅长鼓动和组织他人？试着建立一个俱乐部或者社团吧。
你可以把它当作一个超级英雄的秘密训练基地。
不过不管是为了什么目的，一定要建立一套规范和章程。

章程

> 在这里写下俱乐部或社团的名字

致力于

> 俱乐部或社团的愿景

发起人／总裁

> 你的名号

秘书

财务主管

入会方式

通过邀请 ☐　　通过提名 ☐
　　　　　　　和投票

通过申请 ☐　　所有人均 ☐
　　　　　　　可加入

入会费 ¥ ☐ ☐ · ☐ ☐
(可填)

活动描述

场地／设备要求

俱乐部规范

破坏本规范的成员可能被驱逐出会

在俱乐部运营六个月后，请完成以下领导力测评。

会员数量 ☐ ☐

发生争执的次数 ☐ ☐

举办活动次数 ☐ ☐

为俱乐部的受欢迎 [满分 10]
程度打分

这些争执都被解决 [是/否]
了吗？

给这些活动的效果 [满分 10]
打分

总体领导力 [满分 10]
打分

你也可以试着完成以下的任务：
9 选择一个助手 · 20 学会一心二用 · 46 选择一个使命 · 78 当个楷模 ·
93 提高你的说服力 · 99 集结超级团队

眼观六路，耳听八方

作为一名超级英雄，你需要努力了解当下的新闻。如果你两耳不闻窗外事，就不会预见潜在的问题，没法进行有效的沟通，或者了解哪些信息是可信的，哪些不是。

新闻观点

★ 阅读大量报纸和网站，浏览那些值得你特别关注的新闻头条。如果可能的话，尽量别卷入政治或娱乐的烂摊子。

★ 别漏掉那些小的、本地的奇闻异事，草根阶层中可能就有值得你关注的潜在问题，一些异样的悬案背后可能就有一只幕后黑手。别在那些引起所有人注意的大案子上浪费时间——警察、军队和政治家们早已经扑过去了。你的工作应该更隐秘一些。

★ 读一读媒体上他人的评论，随时把握民众的意见。邪恶天才最喜欢操控大众来获取权力。你需要随时了解大众脉搏，警惕那些危险的信号。

★ 监控主要城市，因为犯罪大师不喜欢小打小闹，如果他们正在筹划邪恶勾当，肯定希望造成的影响越大越好。因此你要注意那些看似安静的地方，那简直是反派们绝佳的隐蔽场所和秘密基地。

★ 你还要关注最新的环境报道，并监控天气系统，这样可以预见到自然灾害。

超级邪星：别忘了读读娱乐杂志，了解最新的八卦消息。邪恶天才总会被钱权名利所吸引，他们往往也想从中分一杯羹。列出一些形象不佳的娱乐明星，好好关注他们的最新动向。

眼观六路，耳听八方

如果你完成了这项任务，
可以在这里贴一颗"成就之星"并填写下面的表格。

☆
完成

博闻强识

浏览报纸，在上面找出一则可能暗示出邪恶天才正在作恶的故事。将这个有新闻价值的事件中的关键细节记录下来，这有可能为你抓住这个超级反派提供关键线索。

在这里贴上你的故事的标题

事件发生的日期和时间   地点

故事中的哪一点引起了你的怀疑

这有没有可能是一个更   是/否   如果是，你认为这
大阴谋的一部分？   个阴谋是什么？

你认为其中的三个主要嫌疑人是谁？

这个新闻值   是/否
得进一步调
查吗？

在这里贴上相关文章的简报

**你把这项能力
用在了······**

正义？ □
          邪恶？ □

你也可以试着完成以下的任务：
10 潜行 · 16 第六感 · 27 夜视能力 · 36 分身 · 43 隐形 · 77 X光透视 ·
80 方向感 · 95 建立关系网

像鱼一样游

　　学会游泳是十分重要的，除非你已经确定怕水是你的一项致命弱点（见任务二十六）。不光要学会游泳，得和水融为一体才行。

水主沉浮

　　★ 在你家附近找一个游泳池，先学会几种经典的泳姿。自由泳是速度最快的泳姿，但是如果距离很长，你可能要结合蛙泳的腿部动作和自由泳的手部动作。在划水时可以换换蛙泳甚至侧泳的姿势放松一下。除此之外，你还应该学会踩水。

　　★ 快速且高效的泳姿关键是建立流畅、稳定的呼吸节奏，与动作协调一致。所以锻炼呼吸技巧显得至关重要。试试用嘴吸气（显然是在水面以上）、用鼻子呼气（可以在水下进行）。能够在水下游泳也很重要，试着深呼吸后屏住呼吸，潜到水下。练练瑜伽也可以帮助你练习肺活量。

　　★ 一旦掌握了一种泳姿，就可以去参加救生课程——毕竟当超级英雄就是为了挽救生命嘛。这个课程会让你体验穿着衣服游泳的难忘经历，这可是很难的。要是穿着斗篷就更难了，所以你的斗篷最好是可拆卸的。

水上漂：无论是英雄还是反派，另一项你最应当掌握的水上技术就是漂浮。这在你需要装死，或是在海上需要保存体力的时候会帮上大忙。

像鱼一样游

如果你完成了这项任务，
可以在这里贴一颗"成就之星"并填写下面的表格。

完成

—— 躲避和潜水 ——

你可以在游戏中提高游泳技能。这里有三种可以在泳池中进行的游戏，还可以顺便测试你的水性——但请在进行游戏之前获得管理员的许可。你和朋友们都得先学会游泳才能进行这些游戏，而其中的超级泳者，自然只有一个……

游戏一 鲨鱼来了	游戏二 水神说	游戏三 寻宝
游戏人数：三人以上	游戏人数：三人以上	游戏人数：三人以上
游戏目标：从鲨口脱险	**游戏目标**：仔细听指示并展现	**游戏目标**：找到更多宝藏
技巧：速度与灵活性	**技巧**：漂浮、游动、潜水——什么都有！	**技巧**：潜水和在水下游动的能力

游戏一 鲨鱼来了
所有人都站在泳池较浅的一个角落，被推选扮演鲨鱼的人站在原地不动，数二十下，其他人则向水较深的地方游去。当数到二十，鲨鱼就可以去追那些倒霉蛋了。每当一个人被"吃掉"（即抓住），他就必须回到出发处等游戏结束。最终的胜利者（一定是你）就是最后活下来的那个人。扮演鲨鱼对于你们也是非常好的锻炼，可以轮流扮演。

游戏二 水神说
这是一个基于"我说你做"的游戏。选一个人当水神，让他喊出"水神说"三个字加上不同的指令（例如脸朝上漂浮、在水下翻个跟头、游到泳池尽头再回来、在水下憋气、踩水等）后，其他人需要照做。如果水神没有说"水神说"三个字，做了这个动作的人就会出局。除此之外，最慢完成动作，或没能正确完成动作的人也将出局，最后剩下的人就是最终的胜利者。大家可以轮流当水神。

游戏三 寻宝
推选某人当海盗船长。他需要在水池里扔若干种会沉入水底的东西，例如硬币、鹅卵石、勺子等。此时其他人需要转过身去。当海盗船长一声令下（吹哨），所有人都要跳入水中开始寻宝。每找到一件宝物得一分。如果找到特别珍贵的宝物得五分。三分钟后海盗船长会吹哨结束寻宝。在清点宝物之后，分数最高的人就是最后的赢家。

你们玩了几局？ `0` `0`

你有几局坚持到了最后？ `0` `0`

当鲨鱼时，你用了多长时间"吃掉"了所有人？
`0` `0` 分 `0` `0` 秒

你们玩了几局？ `0` `0`

你赢了几次？ `0` `0`

你给出的最难的指令是什么？
_____

你们玩了几局？ `0` `0`

你把这项能力用在了……

你赢了几次？ `0` `0`

正义？ ☐
邪恶？ ☐

你也可以试着完成以下的任务：

3 学会飞 · 10 潜行 · 13 克服你的恐惧 · 58 耐热又抗冻 · 76 制订逃跑计划

超级英雄
集结点

集结超级团队

　　如果你完成任务九和任务三十七，就已经有一个助手和一只超级宠物随时准备与你冲锋陷阵了。可是有时候，那些邪恶天才也会有不少手下，而且筹划着超级邪恶的全球性破坏计划，光靠一个超级英雄没法打一场漂亮仗。当你落了下风，需要更多支援时，你会叫谁来？

超级战士

　　★ 看看超级英雄电话簿，你还认识哪些超级英雄？也许你在哪次会议或者社交活动上见过一些，也可能是在同一个拯救世界的任务中撞见了几个。列出你觉得最适合和你搭配的，躲开那些自大狂。这是你的舞台，你才是唯一的队长。

　　★ 在你为超级团队选队员时，不要光想着和谁最玩得来，还得想想他能给团队带来什么样的技能。一个名副其实的超级英雄大杂烩才能应付各种各样的挑战，包括身体上和心理上的。要让队友弥补你的技能短板。

　　★ 安排一个团队建设日。一起做些活动来建立信任、测试体能，并共同完成一些任务。这些任务可以让你评估他们的能力水平。你的团队要一起讨论并决定各自的分工是什么。

匿名朋友：想要遇到和你心灵相通的超级英雄并不容易，因为他们都是一帮神秘兮兮的人。如果说还有谁能够看穿他们那忽悠人的双重身份——只有你。你可以从观察他们是否也在读这本书开始。

集结超级团队

如果你完成了这项任务，
可以在这里贴一颗"成就之星"并填写下面的表格。

☆ 完成

我的超级团队

在这里写下你的团队名称

姓名

在这里贴上
超级团队一号
成员的照片

| 优势 |
| 劣势 |
| 职责 |
| 可靠性 | 总分 10 |
| 团队合作 | 总分 10 |

重要信息

姓名

在这里贴上
超级团队二号
成员的照片

| 优势 |
| 劣势 |
| 职责 |
| 可靠性 | 总分 10 |
| 团队合作 | 总分 10 |

重要信息

姓名

在这里贴上
超级团队三号
成员的照片

| 优势 |
| 劣势 |
| 职责 |
| 可靠性 | 总分 10 |
| 团队合作 | 总分 10 |

重要信息

姓名

在这里贴上
你的助手
的照片

| 优势 |
| 劣势 |
| 职责 |
| 可靠性 | 总分 10 |
| 团队合作 | 总分 10 |

重要信息

姓名

在这里贴上
你的超级宠物
的照片

| 优势 |
| 劣势 |
| 职责 |
| 可靠性 | 总分 10 |
| 团队合作 | 总分 10 |

重要信息

你把你的团队
用在了……

正义？ □　邪恶？ □

你也可以试着完成以下的任务：
9 选择一个助手·23 统治世界的邪恶计划·37 训练你的超级宠物·93 提高你的说服力·
96 由我带头

我还会回来的……

（在你最不想让我回来的时候）

卷土重来

如果一开始没能成功，没关系。你首先要非常努力，这是必须的，因为谁也瞧不起半途而废的人。只要杀不死你，失败就会让你更强大，这是卷土重来时最爽的一点。在第二回合，你的对手还是那个人，他可能因为第一轮耗费了精力而变得更弱。而你，装备更强，准备更充分，也更加邪恶了。

败而不死是为神

★ 躲在避难所养伤时，你有下面几个任务可以做：估算你的损失有多大；重整队伍；真诚地审视自己到底哪里做错了。有些事要怪你的手下——你应该把队伍中那些滥竽充数的人清除——但是你的核心计划也一定值得改进。你从对手那里学到了什么？下次如何夷长技以制夷呢？

★ 暂时把统治世界的计划放在一边，把精力投入到报复之中。在你回到正轨之前，把工作中的纰漏一一干掉。用你全部的诡计和超凡的智慧设计一个最精巧的陷阱，一旦你把对手诱入其中，就可以在他们面前尽情地幸灾乐祸，然后让他们翘辫子了，木哈哈哈哈！

★ 卷土重来也是以新形象示人的好机会。新身份可以让你整个人焕然一新，从原来穴居的地下世界中走出来，毫不察觉地站到你的对手身边。

好好享受：当提到卷土重来，《神秘博士》中的戴立克才是真正的大师。时间领主们从1963年就开始努力了，可直到现在这帮坐Tardis（神秘博士的时间机器）旅行的家伙没有一个能最终消灭那些利欲熏心的外星人。所以你看，当个固执的坏人也是有收获的。

卷土重来

如果你完成了这项任务，
可以在这里贴一颗"成就之星"并填写下面的表格。

☆
完成

—— 复仇是我的菜 ——

在你的反派厨房内发挥一点创造力吧，创造一道能够满足你报复欲望的菜，让你的对手看看谁才是这里的主厨。

原料

你的复仇大餐中都有些什么？在下方列出你所需要的（例如人、道具）

1

2

3

4

5

6

一步步指导

你打算如何让那个超级英雄对手和整个世界付出惨痛的代价？

第一步

第二步

第三步

第四步

第五步

第六步

上菜之前冷冻一整夜。

—— 甜蜜的复仇 ——

想想上次报复你的对手是什么时候。

他们对你做了什么？

你是如何报复的？

复仇的味道如何？　超甜蜜 ☐　还不错 ☐

乏味 ☐　有点苦 ☐　酸酸的 ☐

你是否陷入了冤冤相报的循环？　是/否

最终谁赢了？　你 ☐　你的对手 ☐

> 📓 **你也可以试着完成以下的任务：**
> 23 统治世界的邪恶计划 · 33 预判对手的下一步行动 · 38 集结你的黑暗大军 ·
> 53 冷酷无情 · 56 想几句经典台词

在这里贴一张
你的照片

拯救世界：对抗你自己

你可以发誓决不让任何邪恶力量战胜你、控制你，但如果超人、蜘蛛侠和许多其他超级英雄都被邪恶力量入侵过，那么你也同样有可能陷入那般黑暗境地。这种时候意识到这些危险的信号就很重要，那样你才有可能反击。

亲爱的日记，今天我去毁灭世界了……

★ 做自己的主人，别被自己的能力控制了。如果你时而感觉沉浸在伟大之中，时而又陷入失败的痛苦中不能自拔，赶紧去寺庙里修行，学会谦卑。

★ 在卧室周围设置几个陷阱，这样稍有动静你就能醒过来。在无意识时，超级英雄和普通人一样脆弱，睡觉时最容易被下毒或者被精神操控。永远不要放松戒备。

★ 如果你失去了自我，让你最信任的助手提醒你，你到底是谁。这事并不容易，因为通常在这种时候你都没心思听。选择一个暗号，或是某种视觉刺激，能让你想起过去种种，帮助你重新专注于任务。你的助手也可以通过这种方式将你从万丈深渊边上拉回来。

★ 如果你足够幸运，能意识到自己已经失控，最好立即终止当前的行动。毁掉衣服，或者把自己关起来，直到你能够打败内心那个对手。

重生：在少有的清醒时刻，珍·格雷（《X战警》中的一个角色）做出了巨大的牺牲，通过结束自己的生命干掉了她所变成的黑凤凰。除非你确定能像她一样重生，不然不建议这样做。

拯救世界：对抗你自己

如果你完成了这项任务，
可以在这里贴一颗"成就之星"并填写下面的表格。

☆ **完成**

机密文件

你自己
知道你的对手

你是否担心过有一天可能会成为自己最大的对手？早早发现那些身份危机的迹象，并采取恰当的措施。

以下哪点在你身上出现过？

坏脾气 ☐　　嫉妒你的对手 ☐

滥杀无辜 ☐　　自私行为 ☐

拒绝倾听 ☐　　眼神凶恶 ☐

你的劣势

你的优势

你心里感觉多愤怒，从1到10打分？ 总分 10

是什么让你感到愤怒？

烦人的梦境/脑海中的图像 ☐　　头脑中邪恶的声音 ☐

过去悲惨的经历 ☐　　双重身份带来的压力 ☐

无法表达自己 ☐　　我也想知道 ☐

你需要一个行动计划，你会…… | 详细说明你打算如何执行计划

加强防御？ 是/否

向你爱的人坦白？ 是/否

毁掉你的超级英雄外衣？ 是/否

让你的助手把你关起来？ 是/否

寻求心理咨询？ 是/否

在这里贴一张你精神错乱时的照片

你把这个信息用在了……

正义？ ☐　　邪恶？ ☐

你也可以试着完成以下的任务：
1 发现你性格的另一面 · 12 大脑控制术 · 25 控制你的脾气 · 26 了解你的弱点 ·
54 做出牺牲 · 73 造一个力场 · 84 拒绝诱惑

附录

接下来几页是一些小贴士，
可以帮助你更加充分地利用这本书。

你的个性任务

你可以填入本书中没有包含，但你认为应当完成的那些任务。

答案

在你试着解答那些狡猾的测试、谜语和迷宫之后，看看是否答对了。喂！不许作弊哦！

口袋清单

一个可以随身携带的、方便的任务清单。你可以用它来时刻提醒自己是一个超级英雄。在完成每个任务之后即刻勾掉它。

备用纸

如果你的表格上没有空间了，可以复印几张备用纸继续在上面写。写完后贴在相关的表格上。

特别鸣谢

感谢所有协助完成这本书的超级英雄和邪恶天才们。

身份

我们是谁？我们做什么？

贴纸

每当你完成了一项超级任务，就在表格的相应位置贴一颗"成就之星"吧。

你的个性任务

列出本书没有包含，但是你愿意尝试的任务。

任务一

任务二

任务三

任务四

任务五

任务六

任务七

任务八

任务九

任务十

答案

喂！不许作弊哦！

任务七
破解晦涩谜语：五谜三道

1. 蜘蛛侠

2. X光眼镜

3. 你的对手

4. 指纹

任务二十
学会一心二用

双重麻烦：第一轮

9 / 21 / 8 / 12 / 50

NAME SPUR = **SUPERMAN**
NOW WE RANDOM = **WONDER WOMAN**
NEW OR EVIL = **WOLVERINE**
DEAD LIVER = **DAREDEVIL**
TOM ODOR COD = **DOCTOR DOOM**

双重麻烦：第二轮

6 / 7 / 13 / 30 / 13

DREAM SPIN = **SPIDER-MAN**
BANTAM = **BATMAN**
A MAC TOWN = **CATWOMAN**
NOBLE GINGER = **GREEN GOBLIN**
A TRAFFIC SNOUT = **FANTASTIC FOUR**

任务二十九
解决不可能的问题：大脑训练

1. 18

2. i 1分钟有60秒
ii 12 Days of Christmas
《圣诞节的十二天》，歌名

iii 完成101件事儿
iv 3 Blind Mice (See How They Run)
《三只盲眼的老鼠》（看他们怎么跑），
一首儿歌

3. 46

4. iii

5. 10

6. 2-答案是字母V和Y之间的字母个数。

7. 刚好够。到家需要花48分钟，
（时间=路程／速度），如果每16分钟漏油1加仑油，
则在旅途中会漏掉3加仑油。还剩4加仑可以
回家。4加仑可以开160公里（4×40）——
刚好是回家的路程。

任务五十五
破解密码：解码

UNLOCK THIS CODE USING THE KEY BELOW

任务五十八
耐热又抗冻：冰与火

1. 0 / 2. 37 / 3. 35 / 4. -273 / 5. -89 /
6. 南极洲的沃斯托克 / 7. -270 / 8. 100 /
9. 12,000 / 10. 闪电（太阳表面
温度大约为5,505摄氏度，而闪电的
最高温度可以达到30,000摄氏度）/
11. 58 / 12. 利比亚的阿兹兹亚

任务六十三
观察技巧：找不同

在第二幅图中……

答案

喂！不许作弊哦！

1. 电话听筒上出来的呼叫信号中间的一条线不见了。

2. 帝国大厦（左二）矮了一些。

3. 摇摆在空中的超人手里的线短了一些。

4. 中央大楼前的拱门宽了一些。

5. 第三个UFO少了一道光。

6. 其中一个闪电长了一些。

天际线二为纽约

轮廓一为秘鲁

轮廓二为阿富汗

轮廓三为新西兰

任务七十六
制订逃跑计划：快跑！

任务八十
方向感：感知危险

建筑1为美国纽约帝国大厦

建筑2为法国巴黎埃菲尔铁塔

建筑3为澳大利亚悉尼歌剧院

天际线一为香港

任务九十
救人要紧：急救测试

1.b

2.a-用一些表面光滑的东西，
如食品薄膜或塑料袋扎可以让伤口保持清洁。
记住去掉珠宝项链等物以防肿胀。

3.d-如果这仍没有去除障碍物，
你可以试着给患者腹部五次向上的挤压，
但是你需要一定的训练以确保操作安全得当。

4.a-患者不出声可能是已经昏迷甚至没有呼吸。
他们应该是抢救的第一要务。

5.c-如果你不能切断总闸的电流，
请用一个绝缘体，如干木棒或一卷报纸，
将电源从受害者身上移开。

6.b

7.c-在去除毒刺之后，
将肢体举到受害者心脏部位以上，
并进行冰敷以消肿。

8.b-呼叫救护车，
并让患者坐下，
膝盖保持弯曲，
向前倾斜七十五度。
如果年龄超过十六岁且没有特殊原因的话，
可以给患者咀嚼一片阿司匹林
（不是扑热息痛），
以防止血液结块。

如何使用你的口袋清单

根据下面的指示快速记录下你所完成的超级英雄任务。

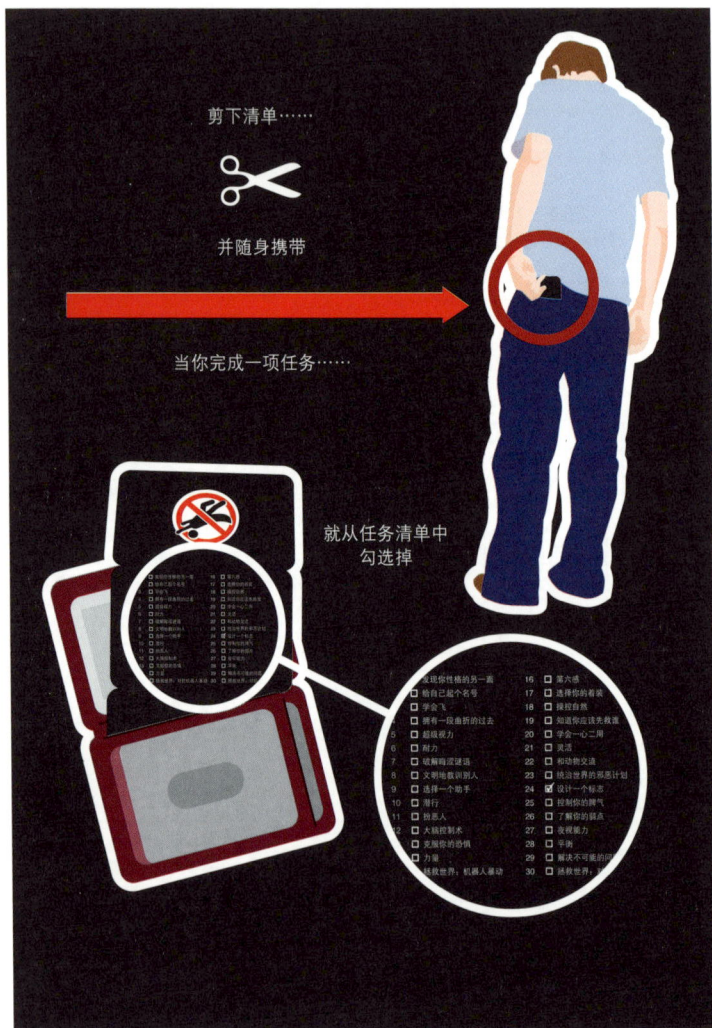

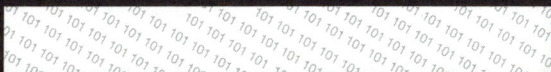

附属细则： 请随身携带此清单，
利用一切机会完成清单上的任务。

24 小时帮助热线： 0800 000 101

15 □ 接触理疗，对付你重大委束	30 □ 接触理发，对付你重人委束
14 □ 买鲜花	29 □ 嘛水杯生活的烦恼
13 □ 丰满你的脸蛋	28 □ 丰乳
12 □ 买避孕药片	27 □ 发避孕片
11 □ 挥金如土	26 □ 了解你的账单
10 □ 滑雪	25 □ 预订你的账单
9 □ 送别一个朋友	24 □ 送别一个朋友
8 □ 给陌生用的咖啡付账	23 □ 给陌生用的咖啡付账
7 □ 和陌生人交谈	22 □ 和陌生人交谈
6 □ 买花	21 □ 买花
5 □ 喝一杯二两白	20 □ 喝一杯二两白
4 □ 加满你汽车里的汽油罐	19 □ 加满你汽车里的汽油罐
3 □ 搭便车	18 □ 搭便车旅行
2 □ 改装你自己的轿车	17 □ 改装你的轿车
1 □ 发现你身上钱包的一圈	16 □ 冲天炮

31	☐ 找出你的对手	45	☐ 拯救世界：对抗恐怖怪兽
32	☐ 做一把反派专用椅	46	☐ 选择一个使命
33	☐ 预判对手的下一步行动	47	☐ 幻象大师
34	☐ 超级嗅觉	48	☐ 选择你的标志物
35	☐ 找机会帮助他人	49	☐ 打磨你的道德感
36	☐ 分身	50	☐ 洞见未来
37	☐ 训练你的超级宠物	51	☐ 跳跃
38	☐ 集结你的黑暗大军	52	☐ 心灵遥感
39	☐ 速度	53	☐ 冷酷无情
40	☐ 理解肢体语言	54	☐ 做出牺牲
41	☐ 变成科学天才	55	☐ 破解密码
42	☐ 你的标志性动作	56	☐ 想几句经典台词
43	☐ 隐形	57	☐ 过目不忘的能力
44	☐ 永不言弃	58	☐ 耐热又抗冻
59	☐ 冒险	72	☐ 说上百种语言
60	☐ 拯救世界：对抗不死族	73	☐ 造一个力场
61	☐ 选定你的秘密基地	74	☐ 发现和破解线索
62	☐ 超级听力	75	☐ 拯救世界：免于环境灾难
63	☐ 观察技巧	76	☐ 制订逃跑计划
64	☐ 时间旅行	77	☐ X光透视
65	☐ 说出一条血路	78	☐ 当个楷模
66	☐ 敏捷	79	☐ 设计你自己的小配件
67	☐ 选择你的呼叫信号	80	☐ 方向感
68	☐ 避开你的致命弱点	81	☐ 迅速做出正确的决定
69	☐ 功夫大师	82	☐ 经济头脑
70	☐ 应对压力	83	☐ 手眼协调
71	☐ 找出你的超级祖先	84	☐ 拒绝诱惑
85	☐ 变身术	94	☐ 与电脑对话
86	☐ 保守顶级秘密	95	☐ 建立关系网
87	☐ 审问	96	☐ 由我带头
88	☐ 掌握各种专业知识	97	☐ 眼观六路，耳听八方
89	☐ 识破别人的谎言	98	☐ 像鱼一样游
90	☐ 救人要紧	99	☐ 集结超级团队
91	☐ 设计你的超级座驾	100	☐ 卷土重来
92	☐ 心灵感应	101	☐ 拯救世界：对抗你自己
93	☐ 提高你的说服力		

在这里写下任务名称

在这里写下任务名称

从这儿剪开

从这儿剪开

在这里写下任务名称

在这里写下任务名称

值得感谢的人和事

依照下面的范例写下你要感谢的人和事。

作者想要感谢：

喜欢说"反之亦然"的乔治·西尔泰什，为任务七想出了那么变态的谜语。

菲莉帕·米尔恩斯·史密斯，亦称作"史密斯特工"。

"计划狂"埃德·库克森、"方言王"蒂姆·莫斯、戴夫·瓦雷拉（亦称作"瓦震天雷拉"）、"鲍比火"罗伯特·埃利斯和"头脑风暴"简·霍恩提出了超级好的想法。

"总裁"埃莱·方丹、"魔笔"玛格丽特·伊斯特德、"制造王"凯瑟琳·格兰姆斯、"核弹"苏珊娜·纳奇、"出版鱼"埃玛·布拉德肖、"沉默杀手"凯文·佩里、斯泰西·坎托、马尔特·里特、赫尔曼·扎尼尔，他们都是 B.U.M.S.（出版社终极特强超人队）的核心成员。

"月亮女神"克拉丽斯·厄普丘奇、"Shur-i-Kan"汤姆·西尔泰什、"绿手指"克里斯蒂娜·霍恩和"草上飞"内维尔·霍恩，他们提供了超级团队的后勤支持。

关于作者

理查德·霍恩（亦称作"1010小霸王"）出生在一个充满混沌的宇宙……只有释放他列清单的本领，才能让这个混乱的世界有一些秩序。他的终极计划已经偷偷地写进他的畅销手册：《101件事儿：死前要试试》、《101件事儿：无聊时做做》、《101件事儿：我怎么不知道》、《101件事儿：我怎么没想到》，还有他的终极命运手册《大大大决战》。你还可以在他的《如何躲过机器人大反攻，我的喷气背包呢？》、《男孩不该读的书》中发现更多他的鬼才。

1010小霸王	
类型	邪恶天才
特殊能力	黑魔法
格斗风格	北方街头式
武器	语言和图画
死穴	Helvetica字体

海伦·西尔泰什（亦称作"小文人"）原先待在一个神秘的地方，结果在一场异常的流星雨之后突然发现自己被放逐了地球。她用猫一样敏锐的直觉，维纳斯一般的木琴技术和通感力，成功融入了人类社会中，并被人类所接纳。尽管她总是不自觉地乱画，发出电子产品般的滴滴声，还时不时地有押韵强迫症。在2005年，她和1010小霸王共同编著了《101件事儿：无聊时做做》。她认为写这样一本书能够声东击西，让人忘了她的秘密身份。可惜她错了。

小文人	
类型	超级英雄
特殊能力	通感
格斗风格	融合爵士
武器	多色圆珠笔
死穴	匈牙利红辣椒

图书在版编目(CIP)数据

101件事儿养成超级英雄或邪恶天才/(英)霍恩,(英)西尔泰什著;
光阴工作室译.—北京:新星出版社,2015.9
ISBN 978-7-5133-1834-1

Ⅰ.①1… Ⅱ.①霍… ②西… ③光… Ⅲ.①智力游戏－青少年读物
Ⅳ.①G898.2

中国版本图书馆CIP数据核字(2015)第137270号

101 件事儿
养成超级英雄或邪恶天才

[英]理查德·霍恩 [英]海伦·西尔泰什 著 光阴工作室 译

策划编辑:张立宪
责任编辑:汪　欣
责任印制:韦　舰

出版发行:新星出版社
出 版 人:马汝军
社　　址:北京市西城区车公庄大街丙3号楼　100044
网　　址:www.newstarpress.com
电　　话:010-88310888
传　　真:010-65270449
法律顾问:北京市岳成律师事务所
经销电话:010-57268861
官方网站:www.duku.cn
邮购地址:北京市海淀区万寿路邮局67号信箱　100036
印　　刷:深圳当纳利印刷有限公司
开　　本:787mm×1092mm　1/32
印　　张:7.25
版　　次:2015年9月第一版　2019年5月第六次印刷
书　　号:ISBN 978-7-5133-1834-1
定　　价:36.00元